本土传统文化 点亮园本课程

李道玲 著

中国文联出版社

图书在版编目（CIP）数据

本土传统文化点亮园本课程 / 李道玲著. — 北京：
中国文联出版社，2022.7
ISBN 978-7-5190-4885-3

Ⅰ.①本⋯ Ⅱ.①李⋯ Ⅲ.①中华文化—教学研究—
学前教育 Ⅳ.①G613.2

中国版本图书馆CIP数据核字（2022）第125701号

著　　者·李道玲
责任编辑　刘　旭
责任校对　唐美娟
装帧设计　刘贝贝　李　娜

出版发行　中国文联出版社有限公司
社　　址　北京市朝阳区农展馆南里10号　　邮编　100125
电　　话　010-85923025（发行部）　010-85923091（总编室）
经　　销　全国新华书店等
印　　刷　北京四海锦诚印刷技术有限公司

开　　本　710毫米×1000毫米　　1/16
印　　张　16
字　　数　249千字
版　　次　2022年7月第1版第1次印刷
定　　价　58.00元

目录

第四篇　创 编 精 选

第一篇

课题研究

红色文化渗透幼儿园社会领域的实践研究

一、研究的背景

习近平总书记多次指出，"要把红色资源利用好、把红色传统发扬好、把红色基因传承好"。桐柏是革命老区，是全国百家红色旅游经典景区之一，是河南省爱国主义教育基地，丰富的红色文化资源是融入幼儿园社会领域的鲜活教材。

在幼儿园实际工作中，发现总结了幼儿身上存在的一些现象：不懂得尊重他人、尊重珍惜他人劳动成果，不能独立克服困难，缺乏解决生活问题的能力，缺乏勇于挑战的品质，交往缺乏礼貌，社会适应能力差。分析原因：一方面是父母的教育观念，不当的教育方法和教养态度对孩子的影响；另一方面是当今80后和90后家长吃苦耐劳、勤俭节约等红色精神的传承逐步淡化，孩子缺乏对原生态家庭的积极影响。

在《幼儿园教育指导纲要（试行）》中指出："社会学习是一个漫长的积累过程，需要幼儿园、家庭和社会密切合作，协调一致，共同促进幼儿良好社会性品质的形成。"为使一代一代红色精神传承好，根据当前新时代精神要求和幼儿园存在的现状，我们以孩子发展为本，课题组成员经过反复讨论，把课题定为"红色文化渗透幼儿园社会领域的实践研究"，旨在培养幼儿健全的人格，促进幼儿良好社会性行为的发展。

二、研究的意义

从理论意义上：本研究主要依据《纲要》《3—6岁儿童学习与发展指南》选择贴近幼儿生活的活动为切入点，从传承红色文化和促进幼儿发展的角度出发，围绕红色文化渗透幼儿园社会领域相关问题进行研究，为完善幼儿园社会领域课程建设、构建园本课程体系奠定基础。

从实践意义上：

（1）有助于红色文化的传承及其教育价值的发挥。

（2）有助于提高幼儿园社会领域的本土适宜性。

（3）有助于促进幼儿社会性发展水平的提高。

三、核心概念界定

1. 红色文化

红色文化是历史产物，是实践中所创造的物质财富和精神财富的总和，而桐柏是全国文明县城、河南省十大文化强县，红色文化是桐柏四大文化之一，桐柏红色革命纪念馆、桐柏人民英雄纪念碑、桐柏回龙榨楼革命旧址、桐柏烈士陵园等为桐柏提供了丰富的物质文化。新时期的桐柏人民正在如火如荼地开展精神文明建设，提出"热爱桐柏、明礼诚信、和谐包容、干事创业"桐柏精神。将红色文化的产物与新时期精神文化相融合并传承和发扬，是红色文化精神的延续。这些为课题的开展打下坚实的资源基础。

2. 社会领域

《3—6岁儿童学习与发展指南》中社会领域是人际交往和社会适应，是幼儿社会学习的主要内容，也是其社会性发展的基本途径。其核心价值在于逐步引导幼儿学会共同生活，建立和谐的社会（包括人际）关系，形成良好的社会性个性品质。

四、相关研究现状

（一）国内研究状况

1. 关于幼儿社会领域教育目标

2001年颁布实施的《幼儿园教育指导纲要（试行）》中明确指出，社会领域教育要引导幼儿能够主动参与活动，形成喜欢与他人交往、分享、合作的好品质。同时，萌发幼儿在社会领域中爱祖国、爱集体、爱家乡的情感，自觉地遵守日常生活准则，有社会责任感，尊敬长辈、老师和同伴。杨丽珠等人（2000）认为幼儿社会领域教育目标应当包含人际交往、行为规范、民族教育和自我意识培养四个方面。李生兰（2006）在针对美国幼儿社会领域教育模式与内容分析上提出，关注儿童的个性教育、生活教育、文化教育、道德教育和全球教育，帮助儿童正确看待自己、国家和世界及彼此之间的关系，才能够促使幼儿成长为社会、国家发展需求的人。张宗麟（1999）通过对幼儿园社会领域中的分享、合作以及生活习惯等教育内容得出，幼儿园社会领域教育应当更加体现出人类生活的各个方面，也就是要从多方面开展这项教育。

2. 关于幼儿社会领域教育内容的研究

虞永平（1999）在研究中指出，幼儿社会领域教育不仅要加强相关课程的优化，而且还要注重幼儿社会行为、社会情感以及社会认知的培养。从社会角度出发，就要加强课程内容的生动性；从幼儿个体角度出发，则要注重教育内容的有趣性、直观性和健康性。马慧等人（2004）从心理学角度上出发，认为幼儿社会领域教育要将社会内容具体化，也就是要通过梳理幼儿亲社会行为、适应行为以及反社会行为之间的关系，培养幼儿的自我意识和社会发展力。

3. 关于红色文化在幼儿社会领域教育渗透研究

严仲连等人（2011）在针对如何让红色文化走进幼儿园的研究中指出，我们应在实践中不断研究儿童，不断探索适合幼儿的教育内容和方法。王子乔（2012）认为幼儿教育是基础教育的基础，红色文化教育应从幼儿抓起，通过选择适宜的课程内容，运用适合于儿童身心发展的教育方法，让红色文化教育穿越时空，在儿童身上获得恒久的生命力。

综上所述，当前我国学者在幼儿园社会领域教育理论与实践上的研究总体还比较少，并且注重教育思辨的研究成果较多，真正开展实证研究的比较少。另外，现有文献中真正涉及幼儿园社会领域教育实践的研究比较少，尤其是针对幼儿社会领域教育与社会文化、环境结合的实证研究非常匮乏，而这也是本课题研究的难点之一。

（二）国外研究状况

相比较来说，国外在课题研究上较为多元化，为本课题研究提供了较多的启示。比如David Riley（2008）在社会领域教育的方法上，强调幼儿以及同伴关系和家庭氛围的构建社会性发展创设民主的环境。希拉·里德尔-利奇（2009）主张密切结合社区与家庭的力量，为如何培养儿童积极的社会行为提出了以下几种具体的方法策略：通过戏剧游戏、角色游戏和建构游戏。Satomi Izumi-Taylor（2009）提出教师为幼儿创设小组活动的机会，让幼儿在与同伴的交往互动中，学会与他人合作，发展团队精神和社会责任感。可以说国外研究成果注重理论与实践结合，可操作性比较强；其次是部分文献都对幼儿社会性发展以及幼儿社会责任培养进行了详细阐述，并且提出要对幼儿实施区别化教育，避免过度矫正行为。

五、研究的设计

1. 研究目标

（1）厘清红色文化渗透幼儿园社会领域的意义和价值。

（2）探寻红色文化渗透幼儿园社会领域的方法与路径。

2. 研究内容

本次研究的主要内容包含以下几部分：

（1）红色文化渗透幼儿园社会领域价值分析。针对当前我园在红色文化渗透社会领域中存在的问题和原因进行分析，以此作为实践活动方案制定的现实依据。

（2）红色文化渗透幼儿园社会领域内容选择。结合《幼儿园教育指导纲要（试行）》，各领域相互渗透，开展形式多样的区域活动及丰富多彩的主题教育活动，充分利用家长、幼儿园、环境资源引导其更好地掌握理解红色文化，形成良好道德品行，促进幼儿良好社会性发展。

（3）红色文化渗透幼儿园社会领域的实施方法。带孩子走出去，对红色文化物质资源参观与了解，将红色文化请进来，根据孩子生活经验和实际生活环境开展活动。

（4）红色文化渗透幼儿园社会领域的实践反思。在实施的过程中遇到最大问题是：怎样将红色文化渗透至幼儿园社会领域，怎样将红色文化内容进行改编和创造，变成幼儿易于接受的活动，我们通过实践—反思—研讨—再实践—再反思—再研讨，提高教师理论水平和科研能力，在实践的过程中对出现的问题及时调整策略，确保课题的顺利开展。

3. 研究方法

课题在研究上主要运用问卷调查法、文献分析法、实践研究法、观察法、经验总结法。

（1）问卷调查法：通过问卷解决家长对红色文化融入幼儿园活动开展的认识。

（2）文献分析法：通过对国内外学者关于幼儿社会领域教育、红色文化教育等相关的研究书籍、期刊资料的收集整合，将其应用在课题的实践活动制定中。

（3）实践研究法：通过在我园营造红色文化教育环境、实施家园共育教育策略、开展丰富多彩的游戏与区域活动等方式，在实践中分析出幼儿园社会领域教育中的红色文化渗透的有效途径，以此为后续工作提供实践指导。

（4）观察法：以我园各班幼儿为研究对象，通过对其在实践活动中的表现分析得出课题研究结论。

（5）经验总结法：课题研究小组结合自身教育经验和相关教育理论知识，将课题研究中得到的现象、问题进行整合，从而得到的认识、体会，上升为教育理论和理性的教育观念。

六、研究的过程

本课题研究时间为2017年5月到2018年5月

1. 课题启动阶段（2017年5—6月）

本课题于2017年5月获得立项之后，课题组立即着手准备课题的开题工作，2017年的5月20日上午，"红色文化渗透幼儿园社会领域的实践研究"开题会，在幼儿园五楼会议室举行。课题主持人李道玲老师作了开题报告，唐河县中原名师剧爱玲、教研室教研员马先淮老师、幼儿园园长胡明晓对开题报告进行了评议，在充分肯定课题的同时指出了课题改进的建议。当日下午组织了课题组成员围绕本课题研究进行了研讨交流。

（1）确定研究课题，拟定研究方案。通过上网搜索和查阅资料了解国内外同一研究领域现状，并对其分析研究，从而制定出我们的研究目标和方向。

（2）多形式组织课题组成员学习《幼儿园教育指导纲要（试行）》《3—6岁儿童学习与发展指南》及有关幼儿园社会领域理论和有关信息，增强课题组成员的理论素养。

2. 课题实施阶段（2017年7月—2018年3月）

（1）编制红色文化渗透幼儿园社会领域活动细目表。

（2）开展问卷调研活动，课题组成员针对问卷情况进行分析、汇总。以多通道的教育途径、多元化的教师队伍，以及幼儿喜闻乐见的教育形式，把红色文化有机和谐地渗透到社会领域和一日活动中去，让幼儿在轻松愉快的活动气氛中，懂得道理，受到熏陶，达到教育过程的最优化。

（3）课题组收集并学习了与本课题核心概念有关的文献资料，搜集我地区可发掘的红色文化，有哪些可以渗透到幼儿教育活动中来，有目的地进行筛选，选择符合幼儿年龄特点，幼儿感兴趣的内容开展活动。

（4）开通了课题研究博客和微信公众号，对课题研讨，主持人与浙师大导师保持联系，科研中遇到的困惑及时解决。

（5）分批组织教师外出参观学习或参加省、市级研讨观摩活动。

（6）课题组成员撰写案例分析观察分析不断调整策略。

（7）创设红色文化环境，开展丰富多彩的大型活动、社会实践活动、家委会亲子活动、区域活动和游戏活动等。

（8）与高校专家交流，进一步明确红色文化渗透幼儿园社会领域的研究方向，主持人导师浙江师范大学杭州幼儿师范学院刘宇博士参与我们的课题并进行互动交流。组织课题诊断小组，对红色文化渗透幼儿园社会领域进行会诊，分析梳理教学中的问题和差距，探讨课题研究的可行性途径。通过专家会诊，幼儿园确定了以红色文化为切入点进行课题研究的教师研修模式。

（9）举行了十余次课题研讨会，形式多样，采取走出去、请进来，邀请了中原名师剧爱玲来我园课题交流和中期汇报指导，主持人到浙江师范大学学习并与专家交流课题。

（10）组织了四次课题沙龙会，课题辐射带动全县各园和乡镇民办园，展示我们编写的红色文化渗透幼儿园社会领域的教学活动，在课题引领下，教研互动、促进了教师专业成长。

（11）编发了六次课题简报，在公众平台和博客发布。

（12）开展子课题研究"红色主题活动与幼儿良好品德培养的实践研究"于2018年1月立项，在总课题的带领下，引领子课题的有效开展，提高教师科研能力。提高幼儿园科研水平增强了教师的科研意识，切实推动了我园教育科研工作的发展，使我园的教科研工作更规范、思路更清晰、方向更明确。

3. 课题总结阶段（2018年4—5月）

（1）编辑了一本课题研究成果文集，丰富幼儿园社会领域园本课程资源库的建设。

（2）召开课题总结会议：2018年5月6日上午，课题组在幼儿园五楼会议室召开了课题研究总结会，课题主持人李道玲老师汇了课题自2017年5月至今的计划执行情况和取得的研究成果，并介绍了本课题后续的研究计划。

（3）认真撰写课题研究报告。

七、研究的成果

（一）创设良好育人的"红色文化"环境

环境是幼儿园重要的教育资源。基于红色文化传承的幼儿园环境创设应以家乡文化和红色文化为载体，以幼儿发展为目的，巧妙利用幼儿园的各种物质条件与活动形式，创设以各类红色文化为内容的环境，增强幼儿对家乡文化和红色文化的了解，促进幼儿对红色情感的建立和发展。

在幼儿园开展红色文化教育过程中，首要的问题就是必须为幼儿创造一个良好的红色文化教育环境。因此，我园紧密结合课题在开展红色文化教育过程中，根据幼儿年龄的特点，为幼儿创设与家乡文化和红色文化教育相适应的环境，把家乡文化与红色文化，有机地渗透到环境创设中，并充分发挥其教育作用，促进幼儿的发展。

教育学家指出：良好的环境对于孩子的智力开发、个性陶冶和情感激励所产生的作用是巨大的，是教育过程中其他因素不可替代的。环境的创设过程也是孩子学习认知的过程，因此应该充分拓展环境的主题内容、创作形式，以及后续的教育内涵，从而促进孩子与环境的互动。

1. 整体环境的营造

我们以课题"红色文化渗透幼儿园社会领域的实践研究"为主旋律，幼儿园的整体环境设计，着力体现本土红色文化和红色文化教育，幼儿园每一楼层一个主题，例如：一楼爱国主题，整个大厅以大小不一的双面立体红星星吊饰，上面呈现的是英雄人物的画面，楼梯转台处有立体画面的少年小英雄。粉红色的杜鹃花围绕在国旗的周围，置物架上陈列军帽、草鞋、马灯、望远镜等，孩子们一进入幼儿园首先就有了视觉上的愉悦体验，在心理上满足暗示："我是红色根据地的小朋友，我是一名小小解放军和小小儿童团。"

在幼儿园公共区域的创设上，我们也将课程特色规划到环境创设中去。如幼儿园上下楼梯的走廊，我们把它布置成"桐柏英雄长廊"，里面又包含多个版块内容："红色革命纪念馆""红色遗址""桐柏文化""自然风光"等。同时我们还为孩子们设置了"学军器械"专区，为锻炼孩子的体能提供系统化、趣味化的设施。总之，幼儿园的整体环境充分体现了环境为课程服务，环境追随幼儿发展的教育理念。

2. 班级环境的创设

在班级环境的创设上，更多体现了教师、幼儿、家长共同参与创设环境，体现环境与幼儿积极对话的教育理念，班级环境创设主要分为墙面环境的创设和区域环境创设两个方面。

根据季节进行变化，例如：三月文明礼貌月，文明礼仪伴我行——学习军人和英雄的光荣传统，文明用餐光盘行动，爱护环境等，每个班级评出10名文明礼貌好孩子。

十月以"红色文化主题活动"开展爱国教育，经过一个月的专题活动，幼儿园定于每年10月作为"红色主题活动"月，每年召开一次"红色主题文化节"，班级开展"讲红色小小故事会"比赛，评出红色故事大王；在区域活动时幼儿自主绘画小雷锋志愿者："奶奶你请坐""学雷锋送伞乐"，幼儿的作品获市级一等奖。这一特色在不断实践的过程中走向成熟。许多教师在红色主题教育的实践与研究过程中，初步具备了自主开发课程的能力，同时也提升了实施课程的能力。

红色主题教育对幼儿道德品质发展的影响是多元的，有基本的爱国主义思想的启蒙，也有道德认识、道德情感上的提升，更多的则表现在行为习惯上的变化。比如幼儿在升旗仪式上的表现，对英雄人物的了解等各个方面，我们可以感受到，红色主题教育正逐步引领着幼儿内在的变化。同时，孩子们的良好行为习惯正逐步养成，生活自理能力不断提高，在日常生活中，能够承担一定的任务，愿意为他人服务；在家庭中，幼儿娇气任性、依赖成人等现象也有了一定程度的改善。

（二）红色文化融入社会领域教学与实践活动

（1）设计科学的调查问卷，通过普查和个别调查，对我园大、中班幼儿家长关于红色文化认知情况进行调查，通过对问卷调查人数、有效调查卷份和调查内容进行科学比对与分析，掌握对红色文化渗透幼儿园社会领域实践认识和理解的第一手资料并进行科学合理的实施。

（2）开展红色文化与社会领域相互融合的教育活动，大班社会活动："认识国旗""我为集体争光""我知道的地方""相亲相爱一家人""我会帮助需要的人""九九重阳节""我是小兵""学雷锋、关爱老人"。中班社会活动："英雄王二小""我勇敢""学习雷锋好榜样""闪闪的红星""水的重要性"等。课题组成员创编了幼儿易于理解贴近孩子生活的红色文化融入社会领域活动方案13篇，其中主持人李道玲撰写课题"学雷锋、关爱老人"活动获省一等奖，"战斗小英雄"活动获园优质观摩课奖。

课程的设计与实施提高了教师的科研意识，教师们在注重各领域相互渗透的同时，培养幼儿喜欢与他人交往、分享、合作的好品质，同时萌发幼儿爱祖国、爱集体、爱家乡的情感，自觉地遵守日常生活准则，有社会责任感，尊敬长辈、老师和同伴，让红色文化在幼儿心中生根发芽。

（三）红色文化融入家委会亲子社会实践活动

陈鹤琴老先生说过："幼儿教育是一种很复杂的事情，不是家庭一方面可以单独胜任的，也不是幼儿园一方面能单独胜任的，必定要两方面共同合作方能得到充分的功效。"家庭是幼儿园重要的合作伙伴，那么，我们是怎样利用家委会资源结合我们的课题，开展丰富而有意义的亲子活动呢？我们的具体做法是：

1. 宣传、认识、共探讨

"红色文化渗透幼儿园社会领域的实践研究"这一课题，我们通过各种途径广泛宣传，使家长有所了解，认为该项活动非常有教育意义，以往的家委会组织活动主要是带孩子出去某个景点游玩、聚餐、游戏等，课题实施后在课题的影响下，家委会活动主题围绕红色文化开展亲子社会实践活动，课题组成员与家委会成员多次研讨，制订方案，在老师的指导和帮助下修改方案，把活动开展渗透红色文化融入爱家乡、爱祖国，培养坚强、勇敢、自信合作与分享等，促进幼儿社会性的发展。

2. 活动组织与实施

亲子社会实践活动例一　"寻红色的足迹做时代宝宝"

活动流程：幼儿身穿整齐的小小解放军服，可爱的小脸蛋上贴上红五星，手拿国旗和五星，精神焕发，神采飞扬地出发了。

① 到桐柏革命纪念馆参观，并在纪念馆门前表演《闪闪的红星》，围观的人们不停地为孩子们点赞、拍照、录像，还引来了众多外地游客不停地问这是哪个幼儿园的小朋友，孩子们更加自信与快乐。

② 到了淮祠，邀请讲解员阿姨为家长和小朋友讲解桐柏的发源地，桐柏人文精神，桐柏英雄的故事，桐柏人民的精神等。

③ 到农家乐玩游戏：爬过铁索桥、钻地道、跟解放军叔叔练本领。

④ 用餐环节：家长讲故事《粒粒皆辛苦》，教育幼儿不浪费粮食，养成勤俭节约的优良品质。

⑤ 午饭后：参加了帮种植栀子的阿姨采摘栀子的活动，幼儿体验帮助他人

助人为乐的快乐。

家委会成员付出了很多努力和辛苦，组织活动丰富多彩，如：邀请讲解员前期的交流（给孩子们用适合口吻的话，讲容易理解的内容）、活动地点的勘察，图片、道具的准备，游戏的组织等都做周密细致的设计，活动开展环节并然有序，真正实现了《3—6岁儿童学习与发展指南》精神。在家委会成员的无私奉献、用心组织下，孩子们收益很多。活动的成功离不开老师们的指导和帮助，更离不开家长们的热情支持。

亲子社会实践活动例二　"忆苦思甜长征精神伴我行"

家委会和孩子们来园集合拍集体照之后，前往申铺村河东组，邀请80多岁经历丰富的老爷爷，讲红军抗日战争故事，讲桐柏英雄的革命事迹。老爷爷讲自己亲身经历的故事，他记忆犹新娓娓道来，孩子们也听得认认真真，感受到了红军战士的英勇顽强，在那个艰苦岁月里，红军战士不怕苦不怕累的拼搏精神深深地印在了孩子们的心里；老爷爷看到可爱的孩子们和热心家长们听得如此着迷，非常兴奋，唱起了《没有共产党就没有新中国》。在他的带动下，孩子、家长和老师互动起来，接下来孩子们认真地看着老爷爷编草鞋，草鞋编好后，孩子们穿上体验一把，感受战士们的艰辛。之后孩子们挖野菜，体验劳动的快乐，在农家乐吃午饭，饭店的厨师把孩子们挖的野菜煮成野菜汤，孩子们品尝野菜的味道，孩子们都吐着舌头说苦、难喝。这时家长告诉他们在抗战时期红军叔叔就是吃这些野菜，当时还没有一粒粮食，红军在这样艰苦的岁月里，一直坚持到胜利，孩子们听后都惊呼起来，都觉得抗战红军了不起，纷纷要向他们学习，并知道有毅力一定能干成事情。喝了野菜水后，再让孩子们品尝可口丰盛的午餐，孩子感受到了现在生活的甜蜜，知道珍惜现在美好的生活，将来还要建设更美好的新生活。

（四）红色文化融入社会开启孩子心灵

我们课题组成立了家长和老师参与的志愿者服务队，带幼儿到老年公寓开展献爱心社会实践活动，围绕课题做"新时代的红色精神宝宝"，我们开展"学雷锋、关爱老人"活动，为桐柏温馨老年公寓的老人们送去温暖和关怀。在孩子幼小的心田里播撒下爱的种子。懂得在被别人爱的同时，要把更多的爱释放给他人，同时，在幼儿园培养出新一代的小雷锋，让雷锋精神代代相传。活动前教师和家长引导幼儿观看雷锋电影了解雷锋的助人为乐精神，提前与敬老院取得联系。我们的学雷锋献爱心活动，在伴随着"感恩的心"音乐中，教师带孩子们来到敬老院内给这里的爷爷奶奶礼貌问好，搀扶老人并送上礼物；孩子们把爷爷奶奶搀扶到座位上，为老人们演节目与老人们互动；请爷爷奶奶给我们唱歌、讲故事、猜谜语；给爷爷奶奶剥桔子、香蕉、糖果与他们一起分享。

此次"学雷锋、关爱老人"活动，孩子们用大方、活泼、有爱心的行为，感动了老人，也感动了在场的每一个人，小朋友们用真诚的行动换来了满院的笑声和掌声，为老人们平淡的世界里带去了歌声和欢乐，也带去了问候与关怀。小朋友还给每位老人送上了用自己省下的零花钱选购的礼物和亲手绘画的作品，亲热地为老人们捶背、捏肩，与他们聊天；声情并茂地表演儿歌、舞蹈，老人们和孩子一起同乐，把他们的才艺也展示给孩子们；活动结束后和老人们合影留念。虽然这都是些不起眼的小事，却饱含了小朋友的真诚和爱心，很多老人流下了激动的泪水，拉着孩子们的手，依依不舍。这项活动的开展，不仅让老人们感受到了浓浓的爱意，更让孩子们得到了一次情感体验，明白了从小就要关爱老人的道理，也正是《指南》《纲要》精神的体现。

（五）增强教师的科研意识

通过充分调研，使我们对红色文化渗透幼儿园社会领域有了更深入的了解，课题组成员依据在研究中的收获，各自撰写了有推广价值的经验论文如：《红色文化融入幼儿园教育之初探》《论红色资源与幼儿发展》《让红色文化走进幼儿心中》《如何利用红色资源对幼儿进行革命传统教育》《幼儿园环境创设渗透红色文化教育》《做新时代"雷锋"式的幼儿教师》等。其中主持人的论文《幼儿园环境创设渗透红色文化教育》获省论文大赛一等奖；成员靳古彦老师撰写的论文《让幼儿在游戏活动中了解本土文化》获省论文大赛三等奖。

（六）红色文化融入大型活动

为了让红色文化走进幼小的心灵，展示孩子们的风采，将红色文化融入幼儿园社会领域中，我们开展了"童年梦、中国梦"花样团体操表演，开幕式上小小升旗手手擎鲜艳的国旗，迈着坚实的步伐向我们走来。五星红旗高高飘扬在幼儿园上空，每个班级幼儿迎着快乐的进行曲，像神气的小小解放军大声喊出班级的口号，例如："大一大一，自强不息，爱国爱家，始终如一"，大二班的小朋友们的口号是"中国梦，我行动，少年强，则国强"，别样的风采，高昂的斗志，大三班的小朋友身穿蒙古族盛装，要向大家展示一段具有蒙古族特色的花样操，"大四大四，从小立志，中国娃娃，意气风发"，"看我大五班，立志又争先，红星闪闪亮，祖国你最强！"瞧！整齐的步伐体现了他们的坚定，灿烂的微笑谱写着他们的热情……活动评出了最佳表现奖、最具创意奖、最具活力奖。

（七）红色文化融入日常活动和游戏中

我们以红色文化融入幼儿园社会领域为切入点，在一日生活中创编了许多适合孩子玩的情景游戏，例如："我帮奶奶提包裹""让座""我扶盲人奶奶过马路""我是小小活雷锋""小小儿童团"等社会活动的延伸。通过区域游戏、情境表演、故事表演、户外军事游戏，在游戏中培养幼儿果断、坚持、不怕苦难等优秀的意志品质。幼儿进一步体会和感悟红色文化中蕴含的良好道德品质，激发学习模仿的愿望。也使红色活动的组织形式更加生动活泼，既突出教育性，又体现游戏性。红色文化教育是一个需要长期坚持不懈的活动，课题的开展使幼儿从"知"化为"行"，并且也影响了家庭的爷爷奶奶、爸爸妈妈，做一个勤劳的小蜜蜂，在幼儿园浇花、抹桌子、摆图书、收积木，幼儿养成了爱劳动的好习惯。

我们将此课题继续在幼儿园深入开展下去，不注重形式、重在实效，教育活动游戏化、生活化、趣味化，增强红色文化的时代感，促进幼儿社会性发展，培养健全的人格，为幼儿的一生发展打下坚实的基础。

实践成果

教师方面：课题的开展对教师的教学起到了很好的促进作用。

教学方面：形成了红色文化渗透幼儿园社会领域的实践研究的基本操作模式。

资源方面：幼儿园建设了课题网络交流平台、博客、微信公众平台。

学科方面：研编出红色文化与社会领域融入的活动方案。

在课题组的不断探索下，总结出了红色文化渗透幼儿园社会领域的方法、途径和基本操作模式，鼓励教师积极参与以"教研活动——课题研究领导小组确定教学内容——课题组成员、教研组成员参与教学设计——展示教学过程——再一次教学展示——课后研讨反思——撰写教学案例"为基本过程的课例研究操作模式。这样的操作模式，有助于促进教学与研究的一体化，改变了教学研究简单的听课、评课活动形式，有助于红色文化的传承及其教育价值的发挥，有助于提高幼儿园社会领域的本土适宜性，有助于促进幼儿社会性发展水平的提高。

理论成果

（1）发表了与课题相关的教研论文获河南省一等奖。

（2）撰写一本课题研究论文集。

（3）对红色文化渗透幼儿园社会领域反思策略重新进行梳理和分析，在研究过程中，课题主持人和主要成员根据研究目标，结合研究中遇到的问题和具体的活动案例，围绕课题形成了九篇研究论文，共计两万多字。

社会影响

课题主持人在全园做经验交流和沙龙研讨4次，送教下乡3次。

成员：许玉菊召开将红色文化融入社会领域方法分享主题研讨会2次，靳古彦案例分析教学研讨4次，赵霞问卷分析与讨论2次，王明平开展社会领域改编和运用研讨1次，周国智开展座谈会和家委会亲子活动社会实践活动。各项活动的开展引起了社会各界的一致好评，在媒体上宣传和报道，受到姊妹园的关注并纷纷来园学习观摩。

存在的问题

（1）随着课题研究实践的深入，我们也发现了研究中存在的问题，比如：本课题在研究设计时，侧重于理论思考，而对实证研究方法关注不够。

（2）有些教师功利思想很重，他们往往为完成幼儿园或上面下达的任务而"研"，使研究浮于表面。

（3）研究人员时间紧，任务重，身兼多职，在研究中教师与专家的互动理论引领不够，影响了课题研究理论的进一步提升。

努力的方向

（1）我们下一步研究将适当加强定量方面的研究。

（2）教师在教学的过程中研究，在研究的状态下教学，使"教"与"研"共生互补，是本课题研究一直在努力关注而至今还没有得到很好解决的一个问题。

（3）红色文化渗透幼儿园社会领域研究活动，仅仅依赖教师是远远不够的，需要社会、家庭合作共同来完成。

（4）继续拓展培育渠道，如通过幼儿园广泛宣传进行名师大讲堂，还可以将对红色文化渗透幼儿园社会领域的解读融入日常教学之中。

（5）把教学活动和家庭有机结合起来，在班级里以点带面，通过活动后的交流和反思，带动更多的幼儿和家长主动参与活动；同时，与举行的大型活动相结合，扩大影响力，家长密切配合，通过家长资源来影响孩子成长足迹；促进家园结合，全面提高幼儿的"知、情、意、行"，最终形成良好的习惯。

我们深知要搞好课题研究工作，必须心灵慧眼，善于观察，精于总结。为此我们在前一阶段可喜变化的背后做好认真反思，许多问题需要我们在今后的教育科研中继续探讨。

参考文献

［1］罗翠兰，游静.传承红色文化［N］.江西日报，2011-09-09.

［2］刘浩林.论红色文化创新的路径选择［J］.法制与社会，2008（3）.

［3］赖宏，刘浩林.论红色文化建设［J］.南昌航空工业学院学报（社会科学版），2006（4）.

［4］孙晓飞."红色文化"的当代社会价值及其实现［D］.济南：山东大学，2008.

［5］褚凰羽，洪芳.红色文化传播的影响因素分析研究［J］.兰台世界，2011（3）.

［6］马霞.红色旅游：怎样保持长久生命力［N］.中国文化报，2007-08-13.

［7］宋军.动漫艺术对红色文化的传播［J］.文艺争鸣，2010（18）.

［8］陈保健，刘宝丽.红色文化教育与传承模式探析［J］.教育文化论坛，2013（4）.

［9］张文，王艳飞.红色文化的当代价值及其实现路径［J］.人民论坛，2016（23）.

［10］严仲连，何静.如何让红色文化走进幼儿园［J］.幼儿教育，2011（Z4）.

［11］教育部基础教育司.《幼儿园教育指导纲要（试行）》解读［M］.南京：江苏教育出版社，2002.

［12］中华人民共和国教育部.3—6岁儿童学习与发展指南［Z］.2015.

本土文化在幼儿园中运用的研究

一、问题的提出

桐柏处于淮河的源头，它历史悠久，有着丰富的自然景观和人文景观，文化内涵十分丰富：盘古文化、佛教文化、红色文化、地质文化和苏区文化于一体，被专家称其为"比华山高险，与黄山竞秀"。桐柏山是国家命名的风景名胜区，它是我国壮丽山河的代表之一，是令人神往的地方，在全国风景名胜资源中占据着独特的不可替代的地位。水帘寺、红色纪念馆、黄岗红叶园和国家宗教局批准的佛教学院等独特的家乡风光，每日目染着入园离园来来往往的孩子们。生活在这样一个美丽富饶的家乡，对他们来说也是一种财富，对幼儿教育来说，也是极好的爱家乡的活教材。然而，一直以来我们的教学活动内容一般只局限于省编教材内容的选择，造成孩子对本土情感的缺乏。这样，一些生活中最为熟悉、最容易诱发孩子感兴趣的本土资源得不到充分利用，不利于拓展幼儿的经验和视野，也不能很好地实践《纲要》中所倡导的"贴近幼儿生活"的教育理念。

鉴于上述的认识，根据本园实际情况和幼儿年龄特点，寻找教育时机，分别在大、中、小班各年龄段开展本土文化的教育活动。让幼儿体验到本土文化的深刻内涵和价值，感受到家乡文化的悠久历史，使幼儿对家乡文化、本民族文化乃至祖国文化产生自豪感。

二、课题研究的理论依据

《纲要》指出："充分利用社会资源，引导幼儿实际感受祖国文化的丰富与优秀，感受家乡的变化和发展，激发幼儿爱家乡、爱祖国的情感。"现阶段，我国越来越重视民族文化教育和本土文化知识的教育。在幼儿阶段，开展本土文化教育，能够使幼儿对本土文化产生深厚的兴趣，感受家乡的变化和发展，引导幼儿实际感受祖国文化的丰富和优秀，激发爱家乡、爱祖国的情感。在我们桐柏，有许多可供开发和利用的教育资源，让幼儿与这些喜闻乐见的环境接触，给幼儿以真正的启迪、熏陶美的享受，促进幼儿的全面发展。

开展本土文化在幼儿园中运用的研究，可以进一步充实和完善我园的园内课程，形成和巩固我园的办园特色。可以让教师获取更多的本土文化理论知识，促进教师进一步更新教育观念，增强反思能力，有助于教师与幼儿、与课程的共同发展，促进教师专业成长。

三、课题研究的目标、内容、方法

（一）课题研究的主要目标

（1）充分感受桐柏本土文化的丰富与优秀，激发幼儿爱家乡，爱祖国的情感。

（2）寻找适合幼儿教育的本土文化资源，引发幼儿积极探索，体验成功快乐，获得全面、和谐、自主的发展。

（3）探索真正、有效地促进幼儿发展的园本课程，使教师在教育实践中不断得以成长。

（二）课题研究的基本内容

（1）通过对本土文化教育资源的整理开发，研究出适合我园本土文化教育系列内容。

（2）探索本土文化资源在幼儿园中运用的有效途径和方法。

（三）课题研究的思路和方法

1. 研究的思路

以《幼儿园教育指导纲要（试行）》为指针，加强课题组成员的理论学习，从文献研究、调查研究入手，整体思考研究内容，制订课题研究方案，分工落实研究任务，逐步达成研究目标，边研究边总结，边总结边修正，确保研究方向正确，措施有效，使本土文化在幼儿园中传承和发展。

2. 研究的方法

本课题采用文献法、个案研究法、调查研究法和经验总结法。

四、课题的研究及实施过程

（一）课题的研究的时间安排

"本土文化在幼儿园中运用的研究"申报前期：（2011年1—12月）学习、讨论课题有关内容。一边实践、一边修改，达成共识、确定课题，2012年立项研究。

1. 准备阶段（2012年1—3月）

（1）选定研究对象，确定研究内容与目标；制订研究计划，学习理论并收集相关资料。

（2）召开家长会，做好开展本课题的宣传工作，以求得家长的支持与配合。

（3）不断收集、阅读与国内外有关的理论文献。

2. 实施阶段（2012年3—9月）

本阶段采用行动研究法，辅之于日常观测法。

（1）根据课题的总体设计，课题实践研究目标结合本班实际特点，有计划、有目的地对实验班进行实践研究。

（2）制定本土文化开展教育活动的目标、原则与内容的设计研究、方案的设计研究。

3. 总结阶段（2012年9—12月）

本阶段采用经验总结法，辅之于研究的后测。

（1）分类整理成果集。

（2）整理活动实照和影像资料。

（3）撰写研究报告。

（4）撰写本土文化活动方案集。

（二）课题的实施具体步骤

1. 本土文化融入游戏活动

我们从实际出发，贯彻实施《纲要》，充分挖掘本土文化优势，弘扬民族民间传统文化。尝试着把一些本土文化资源运用于游戏当中，通过游戏这个载体，让幼儿从小接受本土文化的辐射和熏陶，从而使幼儿对本土文化产生了解和探索的兴趣。并在游戏的开展过程中逐渐地、有意识地、有选择地了解本土文化，用自己的方式表现出来，从而逐步建立具有本园特色的促进幼儿全面发展的游戏课程。

根据桐柏的风俗文化、建筑、特产，搜集相关的实物图片进行场地布置，每个景点都设立小导游，小朋友和老师都是游客。在游戏活动中，小游客来到旅游点，每当来到一个景点，导游就向游客介绍本景点的历史背景、土特产、传说故事等，进一步让孩子在活动的深入发展过程中不断地去了解和再现本土文化，形成了一种良好的互动。

在组织幼儿进行"水帘洞"这个主题活动时，我们组织幼儿实地参观了水帘洞，参观后，孩子便产生了游戏的欲望，他们会把看到的、听到的，自发地运用于游戏中，于是老师和小朋友一起玩起了游戏，有的扮演唐僧，有的扮演孙悟空。

在进行"小戏迷"的主题活动中，幼儿根据经验穿上豫剧戏服，跟着优美的旋律唱起了我们的家乡戏——《穆桂英挂帅》《朝阳沟》等，同时小朋友也会跟着音乐有板有眼地做着各种动作，看着孩子们沉醉在音乐中，我们深深体会到利用本土资源对孩子进行教育所起的重大教育意义。

2. 家园共育，到大自然中去共享家乡的文化

带孩子走入自然，融入社会，引导幼儿主动地探究。幼儿与家乡是同呼吸的，但幼儿年龄小，他们平时还不善于从生活中发现问题，这就需要我们教师来帮助他们发现，让幼儿真正地了解本土文化。因此，我们带幼儿走入自然，融入社会，创造一切条件，让幼儿实际参与探究活动，幼儿在与成人的交往、同伴的合作中与周围环境相互作用，激发幼儿对本土文化的兴趣，从而积极主动地去探究。于是在开展"桐柏英雄故事"主题活动中，我们带幼儿参观英雄

纪念碑、桐柏革命纪念馆，通过参观进一步了解家乡的文化，从小受到熏陶。在"家乡特产大聚会"的活动中，我们带领孩子们走进了茶叶山、栗子种植基地、草莓种植园等，通过幼儿观察和直接参与，让幼儿感受本土文化的氛围，在参观茶叶山的过程中我们引导幼儿尝试采摘，并让茶农介绍茶叶的生产过程，让幼儿了解家乡特产的制作环境和操作的大致过程，与工作人员交流，从中了解到更多的信息。

本土文化是一个地方的文化根基，它具有历史性、传统性、继承性以及地域性，而其中的精华又汇入了中华民族文化的大流，我们把它融入幼儿园的园本课程中进行开发和运用，使我们的孩子在游戏中进一步了解家乡的人文资源和本土文化，让家乡的本土文化走进他们年幼的心，使他们以后更有责任地保护它，主动地宣传它。让孩子们从小就埋下爱家乡的种子，这将会为他们一生的发展打好基础，使他们终身受益。

3. 运用本土资源丰富区域活动

区域活动是根据幼儿发展需求和主题教育目标创设立体化育人环境，即充分利用各类教育资源，组织幼儿进行自主选择、合作交往、探索发现的学习生活和游戏活动。它是深受幼儿喜爱的活动之一。操作材料是区域活动的灵魂，是区域活动目标得以实现的不可或缺的前提。教师应为幼儿提供各种丰富而有意义、有趣而又符合幼儿能力发展的本土资源材料。

例：大班以"我爱桐柏"为主题，幼儿在活动中了解桐柏的文化特色、特产等，我们在区域活动中投放了相应的材料。如：自制的电视机模型，幼儿可在区域内操作滚动画面，有的在模仿节目主持人，讲解我们家乡的文化，例如，水帘洞、三和园、英雄纪念碑、红色纪念馆，有名的豆筋、山野菜、中草药、板栗、茶叶等。我们还在区域内投放了自制的皮影戏道具，幼儿可以自编自演非常开心。活动不仅发展幼儿的语言表达能力，还发展了幼儿的动手操作能力和与同伴合作能力。这些活动幼儿都非常感兴趣。

在"草编"的区域中投放了草绳、草编的龙、草鞋、草垫、稻草人、稻草、水稻生长图等，玩舞龙游戏，穿着草鞋体验解放军打仗的艰苦，搓草绳培养了幼儿的手眼协调能力。使幼儿感受劳动人民的勤劳和智慧，从而也激发了幼儿热爱家乡的美好感情。

活动区材料投放丰富程度直接关系到幼儿活动的质量，我们根据幼儿的兴趣和需求，及时更换和添置材料。如"快乐的娃娃家"我们利用家乡自然资源藤条，编出了系列玩具，藤条玩具（桌、摇篮、吊篮、花瓶、茶瓶、小碗、小勺、锅、衣服架），布娃娃（爸爸、妈妈、孩子、多种衣帽、发型）。藤条玩具可"做饭""提水""插花"，娃娃放在摇篮里，边唱边摇；每个娃娃有多种衣服，可根据自己的审美给娃娃更换衣服和发型。根据孩子的兴趣增减内容如：柳条编的帽子、鸟窝等，传统和现代玩法相结合，培养孩子的交往能力、动手能力、想象力、创造力，增强爱的情感。

在区域中投放了一些瓦片、纸浆、稻草和瓢，幼儿在瓦片上装饰纸浆画，用稻草和瓢制作手工艺品。通过活动，孩子们感受了各手工艺的美，体验了劳动的乐趣和制作的神奇，懂得了珍惜劳动成果。活动区材料的投放还可以引导幼儿参与，充分发挥幼儿的主体作用，大班幼儿已有自己的见解，可采取师幼共同创设活动区，共同讨论活动区所需材料，以最大限度地促进幼儿的发展。兴趣是幼儿活动的动力，只有根据幼儿兴趣和需求投放材料，才能更好地推动幼儿的自主性活动的积极性。适时增强材料对幼儿的挑战。材料投放体现了多样性，不断对原有材料进行抽取或添加，是对原有材料的提升和创新，也是对幼儿的一个新挑战，而且还能激发幼儿新的兴趣。

我们在区域中投放了多样性的材料，激发幼儿的创作欲望。如"桐柏山、房子、河"可以用不同材料进行制作。还投放了野草、野花、布头、花生壳、树叶、昆虫标本、毛线、双面胶等，让幼儿用这些材料贴贴桐柏地图、水帘洞、家乡的山山水水、美丽的杜鹃花等，内容丰富了，幼儿的选择也就多了。在孩子们的手下是惟妙惟肖，在手工活动中，连平时调皮的小朋友也能安静、认真地创作自己的作品。另外，我们还在表演区投放了自制的表演道具：麻包、蔬菜、树皮、锅拍，自编自创时装表演等，幼儿开心地唱着跳着，陶冶了他们的情操，也发展了他们的想象力和创造力，而且也使孩子们把家乡深深烙在心中，激发了他们爱家乡的情感。

区域活动主要通过活动材料来实现教育功能，活动材料是区域活动实施与开展的核心。科学地投放与本土文化教学相关的区域材料，使本土文化教学和区域活动能更好地互动，从而使"本土文化教育"的实施更加完整、深入。

4. 利用多种本土文化教育资源促进幼儿爱家乡情感

《纲要》指出：环境是重要的教育资源，幼儿园应为幼儿提供健康、丰富的生活和活动环境，满足他们多方面发展的需要，使他们在快乐的童年生活中获得有益于身心发展的经验。通过环境的创设利用，有效地促进幼儿的发展。于是，我们课题组成员利用本土文化资源，在幼儿园每个角落都有本土文化的足迹。如：大厅"家乡美"主题，家园互动用玉米秆和树皮共创家乡的皮影戏环境，树皮和稻穗布置的家园联系栏等。

教育家陈鹤琴说过："大自然、大社会都是活教材。"因此，充分挖掘本土自然资源的教育价值，带领幼儿感受家乡的历史文化，是培养幼儿爱家乡、爱祖国的重要途径之一。我们带领幼儿参观桐柏的水帘寺、盘古大殿、红色革命纪念馆、回龙榨楼、革命英雄纪念碑、黄岗红叶园等，让幼儿在身心愉悦的状态下感受家乡文化历史悠久，以及了解革命英雄的英勇事迹，促进了幼儿爱家乡的情感。

我们发动各行业、各领域的家长收集了许多无法直接感知的物品。如在旅游局工作的家长带来了桐柏旅游风光图片，贴在了活动室周围，走过活动室长廊仿佛是在桐柏风光游，幼儿体验到桐柏风光和文化艺术的美。教师与家长沟通，取得家长的支持，家长在双休日、寒暑假带幼儿参观桐柏的风景区，收集他们所拍摄的照片张贴于认知区中，在区域活动中互相交流，幼儿在自由、放松、兴奋的情绪状态下发现和感受家乡环境之大、之美。

幼儿感受与体验家乡的民间艺术和文化，我们的家乡桐柏，历史悠久，有着丰厚的文化积淀，民间艺术包罗万象，有踩高跷、皮影戏、民间舞蹈、扭秧歌等，但是，在外来文化的不断冲击下，新一代的幼儿对家乡的本土民间艺术日渐疏远。所以，让民间艺术走进幼儿园，走进我们的课堂，让幼儿感受民间艺术的魅力，了解家乡的本土文化，成为了我们工作的重点之一。我们通过挖掘、筛选整理优秀、健康的艺术作品，开展各种活动，我们利用家长资源，邀请了皮影戏艺人，到班上为孩子们上了一堂生动有趣的皮影戏活动。在欣赏皮影戏的表演过程中，孩子们提出了许多他们想知而又不懂的种种问题，他们不断地询问：木头做的怎么还会动？那些线是用来做什么用的等。孩子们表现出对民间艺术文化的高度兴趣，这样不仅有助于培养幼儿的艺术兴趣和艺术天赋，有助于幼儿全脑功能的开发和创造力的发展，而且能够激发幼儿对民间艺术的认同感和归属感，了解家乡的本土文化，激发幼儿热爱家乡的情感。

利用多媒体资源，让幼儿感受家乡的历史，体验现在生活的来之不易。我们和广电局的家长联系，收集了一些桐柏的历史的纪录片，幼儿观看了解桐柏解放前后的变化，当幼儿看到了破烂不堪的街道和瓦房，变成了一座座造型美观、绿化优美的县城时，再加上解说员那激昂的声音感染，幼儿真真切切地感受到家乡的变化，体验家乡劳动者的劳动之美，不由自主地爆发出一阵阵欢呼声。

提供各种材料，幼儿用喜欢的方法表达自己爱家乡的情感。如在绘画活动中以"我爱家乡""未来的家乡"为主题，幼儿大胆尝试运用水粉颜料，把自己看到的、想到的事物画下来。教师还为幼儿提供纸、笔、鹅卵石放在区域中，幼儿自主绘画大胆表达。这一张张布局简单、稚气可爱的画面都倾注着幼儿热爱家乡的情感。

幼儿从感受和体验家乡美以及民间艺术和饮食文化——体验家乡美的来之不易——表达自己对家乡爱的过程，是我们教师综合利用多种资源让幼儿自己体验的过程。我们课题组成员不断地开发和利用各种本土资源开展爱家乡教育，萌发幼儿从小热爱家乡，长大建设家乡的情感。

五、研究的绩效

自2011年1月至2012年12月，两年来对"本土文化在幼儿园中运用的研究"这一课题取得了明显的成效。实践证明：丰富多彩的本土文化活动使孩子既为本土文化所创造，所影响，又是本土文化的建构者；对于教育来说，本土文化既是知识教育资源，更是一种情感教育资源。幼儿园的教育内容扩展到孩子的生活中，与"桐柏文化"相结合，将会使幼儿园教学成为开放的、富有生命力的教学，为孩子的发展提供更广阔的实践和文化背景。通过研究我们还发现教师作为教育活动的主体因素，在研究的全过程中不断探索与学习自身的各种业务，专业技能在不断提高。

1. 实验结果

研究前期通过调查问卷，发现幼儿对家乡本土文化知识匮乏，家长重视程度不够，我们在研究中采取应对措施，为家长提供服务的平台，家长和孩子收益很大并取得了可喜的变化。

2. 有力地提高了教师的综合素质

幼儿园结合课题研究，对教师采取多种形式的培训，以保证课题研究的顺利进行。一是派课题组成员外出学习，二是制定严格的课题组学习制度，在研究过程中我们不仅探索出一条本土文化在幼儿园中运用的研究的有效途径，而且使教师的教育教学水平得到提高。主持人李道玲撰写的《浅谈大班"本土文化教学"区域材料的投放》获省论文比赛一等奖。王明平老师撰写的《挖掘本土文化，传承淮源童谣》和《创编童谣在幼儿教学中的应用》均获市论文一等奖。刘彦萍老师撰写的《运用本土文化促进幼儿爱家乡情感》获市级二等奖。李艳红老师撰写的《立足本土、传承文化、促进幼儿发展》获市级二等奖。李道玲老师撰写的园本教研优秀课例《油灯》在儿童与健康杂志上发表；《打水漂》《家乡的特产豆筋》《家乡的山野果》均获市级优秀课例一等奖；制作的课件《我爱家乡桐柏美》获市一等奖。刘彦萍老师撰写的园本教研优秀课例《我骄傲我是桐柏人》、李艳红老师撰写的园本教研优秀课例《板栗乐》均获市级一等奖。课题组研究的课题"家园合作促进幼儿社会性发展的研究"获市级二等奖。我们课题成员倾注了大量心血，把我们开展的活动通过反复整理修改，充分挖掘本土文化资源，根据《幼儿园教育指导纲要（试行）》把我们课题组成员在实际工作中的思考与做法，运用自己独特的风格编写了本土文化方案创编集，在我园广泛推广和实施，成为我园特色保留课程。为广大幼儿园贯彻《纲要》实施《纲要》提供了有价值的参考范例，有效促进了教师的专业发展。另外，我们自编了童谣《我爱桐柏》4首，录制了教育活动光盘2张，活动实照片段在本报告和实施方案阶段总结中体现。

六、结论与思考

（一）结论

（1）家长对"桐柏文化"有了更进一步的了解，认为幼儿园开展本土文化教育活动非常有意义，能把本地一些有特色的优秀资源找回来，浸润到孩子们心中，使之能继续传承，同时也丰富了孩子们的生活陶冶了情操。

（2）课题组成员在对幼儿进行本土文化教育中，应该更全面、更细致一些，使本土文化在幼儿园教育中不断升华，把我们成功的经验向兄弟园所推广和交流。

（二）思考

（1）家长们的认识和了解不够全面和系统。所以在系统性、深入化方面进一步完善。

（2）本课题范围较广，涉及的层面较多，还需要在理论上进一步提升，提高研究的理论高度，这样有助于课题在更高层面展开研究。

参考文献

［1］中华人民共和国教育部.3—6岁儿童学习与发展指南［M］.北京：首都师范大学出版社，2012.

［2］朱家雄.幼儿园课程［M］.上海：华东师范大学出版社，2003.

［3］李晓芳.西安市幼儿园园本课程资源开发与利用现状研究［D］.西安：陕西师范大学，2011.

［4］上海市教委教研室.幼儿园课程园本化理论与实践的研究［M］.上海：上海教育出版社，2004.

［5］中华人民共和国教育部.幼儿园教育指导纲要（试行）［M］.北京：北京师范大学出版社，2001.

基于桐柏文化的幼儿园课程资源开发研究

提出篇：研究背景与现实意义

一、课题提出的背景

（一）国家政策支持幼儿园课程开发

2001年7月27日，教育部正式颁布了《基础教育课程改革纲要（试行）》，明确了课程开发的三个层次：国家、地方和学校。《纲要》规定"省级教育行政部门依据国家课程管理政策和本地实际情况，制订本省（自治区、直辖市）实施国家课程的计划，规划地方课程，报教育部备案并组织实施。经教育部批准，省级教育行政部门可单独制订本省（自治区、直辖市）范围内使用的课程计划和课程标准"，"学校在执行国家课程和地方课程的同时，应视当地社会、经济发展的具体状况，结合本校的传统和优势、学生的兴趣和需要，开发或选用适合本校的课程"。

《幼儿园教育指导纲要（试行）》明确指出，"城乡各类幼儿园都应从实际出发，因地制宜地实施素质教育，为幼儿一生的发展打好基础"，并强调幼儿园课程设置要与幼儿的生活实际相吻合，力求把幼儿园课程建设为幼儿自主参与、自主构建的学习平台。

（二）地方文化是幼儿园课程开发的重要资源

伴随学前教育课程改革的不断深入，学前教育课程质量问题越来越受到大家的关注，基于地方文化资源开发幼儿课程有助于更好地实现幼儿园的教育目标，丰富幼儿园课程内容满足幼儿发展需要。

《幼儿园教育指导纲要（试行）》指出要"充分利用社会资源，引导幼儿实际感受祖国文化的丰富与优秀，感受家乡的变化和发展，激发幼儿爱家乡、爱祖国的情感"。在对幼儿进行教育的过程中我们发现在幼儿身心发展的过程中可以加大对幼儿生活环境资源的利用。陶行知先生的"生活教育"理论也指出了现实生活的教育价值意义。

随着幼儿园课程改革的深入，幼儿园课程开发逐渐成为学前教育领域备受关注的研究问题之一。从桐柏文化这一角度出发开发幼儿园课程是完善桐柏地区幼儿园课程体系的重要举措，也是保护、弘扬桐柏文化的重要途径。我园在"教育科学规划"课题研究中积累了一定的研究经验和成果，但是还存在不足，例如：如何以桐柏文化为视角，立足于幼儿教育课程资源开发利用现状？如何更加科学合理地构建桐柏文化课程网络？如何更进一步地通过桐柏文化资源促进幼儿的发展等问题，都是值得我们进一步研究的。为了更好地解决这些问题，我园继续立足"桐柏文化资源"，取其精华，设计园本化幼儿教育课程内容，构建富有地方特色的课程，使桐柏文化融入幼儿教育课程，更符合幼儿生活经验，能更好地促进幼儿全面和谐发展。

（三）课题研究的理论依据

1. 人类发展生态学理论

布朗芬布伦纳认为"真实的自然环境是影响儿童青少年发展的主要源泉"。他把人的行为和发展放置于一个相互联系、相互影响的稳定生态系统之中，探究生态系统中的各种生态因子对人的行为和发展的作用以及人与各种生态因子的相互作用。人类发展生态学理论给予本课题研究重要启示：首先，明确幼儿与幼儿园、家庭、社区等处于同一个人类发展生态系统中，把幼儿发展与桐柏文化看作一个整体或系统来研究；其次，幼儿的发展取决于这个生态系统中各个生态因子的联系与互动，那么，幼儿从小生活在独特的桐柏文化氛围中，与桐柏文化之间是互为依存，相互影响和制约的关系；再次，应发挥幼儿园、家庭、社区的重要作用，优化幼儿发展的生态系统。

2. 生活教育理论

陶行知先生提出"生活即教育""社会即学校""教学做合一"的生活教育理论观点，他认为"课程内容来源于幼稚园周围的人、事、物"。陈鹤琴先生认为"大自然、大社会都是活教材，应创造条件让幼儿广泛地接触社会和自然，把教育内容扩大到周围的社会环境"。生活教育理论对幼儿园文化课程资源开发利用研究具有至关重要的指导意义。幼儿园课程、幼儿教育和幼儿生活三者紧密结合，课程资源开发利用过程本身就是幼儿美好生活的过程，而且地方文化资源潜在于幼儿生活，怎样从生活中挖掘课程资源，让地方文化回归幼儿的"生活世界"，让幼儿在了解生活、感受生活的过程中促进其身心发展，就是开发利用的题中之义。因此，与幼儿生活相关的、幼儿感兴趣的、有助于拓展幼儿经验的地方文化资源都可以纳入幼儿园课程。除此之外，还应充分利用各种课程资源创设生活化的环境，提供"做中学"的机会，丰富幼儿对地方文化的直接经验。

3. 社会文化建构理论

维果茨基提出了社会文化建构理论，他认为"人的心理发展源泉与决定因素是历史过程中不断发展的文化，而'文化'则是人社会生活与社会活动的产物"。该理论揭示了幼儿心智、社会化等方面的发展与社会文化背景密不可分的关系。社会文化建构理论给予本研究重要启示：桐柏文化课程资源是历史、文化和社会生活的重要反映，幼儿在特定的桐柏文化氛围中生活成长，将桐柏地方文化纳入幼儿园课程，通过桐柏文化与幼儿的交互作用，能更好地帮助幼儿适应所处的社会文化情境和外部世界，还能对幼儿认知发起挑战。

二、课题概念的界定

（一）桐柏文化

桐柏文化属于地方文化。关于地方文化，不同领域的研究者都从各自的角度进行了解读，虽然观点不一，但是较为一致认同的是，所谓地方文化就是在一定领域范围内具有地方特色的文化。桐柏文化即桐柏地区人们在长期共同生活中形成和创造的，与桐柏人民生活息息相关的比较稳定的桐柏物质文化和精神文化的总和，包含桐柏乡土文化、民间民俗文化、红色文化等。桐柏乡土文化资源：家乡的名胜风景如水帘洞、黄岗红叶、佛教学院、家乡的竹编、桐柏茶叶、桐柏蕙兰、桐柏豆制品、桐柏大枣、板栗、木瓜基地、桐柏山野菜、桐柏中草药、桐柏竹编、桐柏艾草等；桐柏民间民俗文化资源：桐柏山歌、皮影戏、民谣、快板、地方民俗踩街活动（舞狮、旱船、舞龙、扎彩灯、猜谜）；红色文化资源：桐柏英雄、桐柏革命纪念馆、桐柏革命英雄纪念碑、革命遗址等。

（二）幼儿园课程开发

幼儿园根据国家、地方政策的精神及幼儿园的实际需要，从幼儿园的办园理念及办园宗旨出发，以幼儿教师为主体，依据幼儿园自身的性质、特点、条件及可利用和开发的资源所进行的课程实践活动。幼儿园课程开发有两层意思：①幼儿园课程的开发，其开发主体可能是国家、地方或者幼儿园甚至各级合作构成的一个共同体；②幼儿园本位的课程开发，其主体仅限于幼儿园。本文将幼儿园课程开发定位为幼儿园本位课程的开发。

三、国内外相关研究综述

（一）国外关于幼儿课程开发的相关研究

国外对地方文化在幼儿园课程中的研究相对较少。1984年美国幼儿教育协会颁布《高质量幼儿教育机构的评价标准》中提出了关于密切家园关系、充分利用家庭教育的许多具体要求，这是幼儿园对家长资源的开发。日本1990年《幼稚园教育纲要》指出，"幼儿的生活以家庭为主逐渐扩大到社区社会。因此，要注意幼稚园同家庭的联系"。

美国的自我概念课程，加拿大的"儿童周"活动，德国的"婴儿读书计划""家长助手方案"以及"家庭互助方案"，英国的"确保开端社区参与方案"，日本的"儿童玩具医院"，新加坡的"玩具图书馆"和"流动故事站"等，它们都强调各方面课程资源，尤其是社区文化资源的开发与利用。国外幼儿园课程资源的开发主要是对多元文化课程的研究，这对于我国的幼儿课程资源的开发也有一定的参考价值，值得我们借鉴。

（二）国内关于幼儿课程开发的相关研究

通过对文献进行梳理，发现对于地方文化资源在幼儿园课程中的研究主要集中在以下几个方面：

1. 地方文化资源在幼儿园课程中应用的价值研究

有利于提高课程的适切性。周爱萍在《从乡土文化中采制幼儿园教育素材》一文中指出，"乡土文化的区域特征和丰富内容，为构建具有本园特色的园本课程，展现了美好的前景"。他们是从地方文化的生活性、内容丰富性特征以及幼儿园课程与幼儿生活的关系，论述地方文化融入幼儿园课程的价值是有利于幼儿的发展。朱敏明在《浅谈本土文化遗产在幼儿园教育活动中的实践与思考》一文中认为"在幼儿园教育活动中开发利用社区资源，传承文化遗产，对幼儿进行乡土文化教育，让他们从小耳濡目染本土优秀传统文化和各种文化现象，对萌发幼儿爱祖国、爱家乡的情感，激发民族的凝聚力都将产生极其深远的影响"。有利于培养幼儿良好的性格品质。张振平在《巧用本土文化渗透教学活动》一文从理论上指出，"向幼儿讲述《侯方域吃书》《智取金元宝》《沈阁老卖盆》《花木兰从军》《张巡护城》的故事，让幼儿从故事里的人物中，受到感染、熏陶、启发，感受到商丘人民的聪明、好学、勤劳、勇敢、爱国的优良品质"。有利于教师的专业发展。刘婧在《民间游戏在幼儿园教育活动中的应用研究》中通过实践探索得出结论，在组织活动过程中，教师会有意识地去收集相关素材，丰富自己的经验以此来适应教育活动的需要。

2. 地方文化资源在幼儿园课程中应用的内容研究

王善安根据张岱年针对民族文化的特点分类，从多元文化课程的角度分析土家族民间文化的内容，主要包括生活文化资源、人生礼仪文化资源、民间传统文化资源、技艺文化资源、信仰崇尚文化资源、节日文化资源，这种将文化划分得更为具体，更能体现民族文化的特点。

3. 地方文化资源在幼儿园课程中应用的策略研究

以主题为核心，以经验为起点，以环境为依托。虽然对于基于地方文化的幼儿课程开发已有了一些研究，但是对于地方文化与幼儿课程的建设却缺少较为详尽的资料，而且大部分均是以理论为主，杨莉君和曹莉认为为避免幼儿园普遍存在的对地方课程资源的认识不足，课程开发意识薄弱，整合度有限，建议幼儿园对于地方民族文化资源应以主题为核心进行整合开发，以经验为基点进行活动性开发，以环境为依托进行隐性课程开发，以让幼儿全面感受与体验地方文化的美。这种策略从课程的显性与隐性，幼儿体验与当地文化的特点进行思考，具有一定的全面性与创新性，为本研究活动的开展提供了很大的参考价值。

四、课题研究的意义

（一）开发桐柏文化资源有助于丰富幼儿园课程内容

课程离开文化犹如无本之木，无源之水。开发利用当地文化资源是增强幼儿课程适宜性的有效途径。我们把幼儿园课程与幼儿生活、文化背景联系，面对现实，尊重差异，创造适合幼儿发展的课程，以此来丰富幼儿课程内容，提升幼儿课程文化的适宜性。

（二）利用桐柏文化资源开发幼儿课程有助于传承地方优秀文化

课程与文化有着密不可分的联系，课程缘起于文化传承的需要。幼儿教育是我国基础教育之基，担负着培养幼儿身心发展的奠基之重任，通过让幼儿对当地优秀文化的了解，可以激发幼儿爱祖国、爱家乡的情感，同时也促进了幼儿对当地文化的认同，进而促进桐柏文化的延续与传承。

桐柏处于淮河的源头，历史悠久，自古以来就拥有浓厚的文化资源，文化内涵十分丰富，它不仅仅有独特的淮源文化，还融盘古文化、佛教文化、红色文化、地质文化和淮源文化于一体。除此之外桐柏还有丰富的民俗资源：桐柏山歌、皮影戏、民谣、快板、地方民俗踩街活动（舞狮、旱船、舞龙、扎彩灯、猜谜），这些在幼儿的日常生活中也是经常出现的。是幼儿可以获得真实体验的。丰富的地方文化资源是幼儿教育课程的重要资源，是一笔珍贵的教育财富，我园正是处于这座历史文化名县之中，有着得天独厚的人文环境优势。

（三）开发桐柏文化园本课程有助于"立德树人"教育目标的达成

本课题研究对健全儿童完善的人格和体魄、形成文化自觉意识、积极的自我认同感和归属感有着巨大的价值，能最大限度地拓展幼儿的生活与学习空间，有利于促进幼儿综合素质的整体提升，从小培养幼儿爱祖国、爱家乡的积极情感。

幼儿的身心发展规律和年龄特点决定了其获得知识和经验的方式的多样化，基于桐柏文化资源开发课程，为幼儿通过直接感知、实际操作、亲身体验，以多种方式获得知识与经验提供了可能。

实施篇：研究设计与实践推进

一、课题研究的设计

（一）研究的主要目标

本课题围绕桐柏文化资源的开发这条主线，以课题组成员所在幼儿园为研究样本，致力于探索幼儿园地方文化园本课程的开发与实践。

（1）以桐柏文化资源为基础，挖掘、筛选出适合幼儿园课程的相关内容。

（2）总结、提炼出桐柏文化作为幼儿园课程资源的开发利用策略。

（3）形成富有特色的幼儿园桐柏文化园本课程。

（4）提高幼儿教师利用地方资源开发园本课程的意识和能力。

（二）研究的主要内容

（1）桐柏文化资源调查研究。了解桐柏文化总体情况，梳理相关资源类型，挖掘、整理适合幼儿教育的课程资源。

（2）桐柏文化幼儿课程开发研究。分析桐柏文化资源在幼儿园课程中开发与利用存在的问题及原因，探索幼儿园桐柏文化课程开发的有关策略。

（3）构建基于地方文化资源的幼儿园课程。形成幼儿园桐柏文化课程框架体系，探索实施这一课程的有效策略和方法。

（4）教师利用地方资源开发园本课程的意识和研究能力。

（三）研究的主要方法

1. 行动研究法

行动研究是"由社会情境（教育情境）的参与者对所从事的社会或教育实

践的理性认识，为加深实践活动及其依赖的背景的理解所进行的反思研究"。基于桐柏文化资源的幼儿园课程开发研究——以桐柏皮影戏为例，首先是了解幼儿园在课程资源、地方文化资源开发与利用中存在的问题，并对问题进行有效分析；接着与幼儿教师进行合作，将理论支撑与幼儿教师的实践进行结合，商讨行动方案，在实践中不断诊断、改进问题。

2. 文献研究法

教育文献是指一切用各种符号形式保存下来的对教育研究有一定历史价值和资料价值的文献资料。本课题通过系统地搜集和分析与"文化""地方文化资源""课程""幼儿园课程""幼儿园课程开发"等相关文献，界定主要概念，了解中外已有的相关研究。此外通过查阅文献了解到桐柏的历史，自然、人文、地理以及人文环境，为本研究提供了基础与启示。

3. 观察研究法

本研究采用参与式观察与非正式观察的方法。观察内容：幼儿园在课程资源、文化课程资源、皮影文化资源等方面的开发利用情况；主题活动开展过程中教师、家长和幼儿的表现。

4. 调查研究法

在行动研究开始之前，首先，采用自编《地方文化资源在幼儿园课程中开发利用现状的访谈提纲》，对幼儿教师进行访谈，侧面对家长进行访谈，深入了解幼儿园在开发利用地方文化资源中存在的优势与不足之处；其次，在行动研究过程中，在主题活动目标的设定、内容选择、活动的组织、实施和评价、再组织实施等环节与合作教师讨论，征求他们的意见，以期不断地调整与改善行动研究的方案；最后，就教师与幼儿的成长访谈合作教师与幼儿家长，以期获得更多资料。

二、课题研究的实施

课题研究为两年时间（2017年6月—2019年6月），研究对象为幼儿园小、中、大班幼儿。本课题研究按照课题研究计划和实际研究进程，经历了准备、实施和总结三个阶段。

（一）课题准备阶段（2017年5—8月）

1. 组织学习

课题主持人组织成员多形式学习《幼儿园教育指导纲要（试行）》《3—6岁儿童学习与发展指南》《基础教育教学课题研究十八问（方法篇）》了解如何做好开题工作。组织教师学习桐柏文化相关知识。

2. 人员分工

李道玲：负责本课题设计并制定研究方案，起草课题研究实施细则；撰写开题报告和中期报告，组织开题和中期会议及研究工作安排；负责本课题论证及日常指导工作；指导组织撰写阶段性论文并发表，组织研究成果汇报并撰写结题报告等工作。

赵　霞：负责阶段性研讨和交流，协助主持人分析梳理课题的难点，进一步把脉诊断，收集整理研讨和具体的研究工作；筛选出教师研磨课创新教案，总结经验，结项时协助撰写课题研究报告。

周国智：主要负责现状分析以及实践活动开展，课题常态性资料的搜集和整理；负责资料收集整理图片、影像资料和具体的研究工作。

靳古彦：负责现状分析以及实践活动方案的制定和实施工作；收集并整理资料，组织培训，协助课题管理工作、音像资料等，记录分析实践各环节典型性问题，及时反馈给各成员，以便研讨交流。

胡明晓（幼儿园园长）：负责课题的统筹策划、指导审核课题重要环节的文档资料；组织好示范课、公开课、推广课的实施。

孙　娥：主要负责图片、影像资料收集整理，活动方案集、论文集汇编和具体的研究工作，整理文字材料及音像材料。

3. 参加培训

参与课题知识培训，提升研究水平。课题组成员参加县教研室组织的市专家讲座《轻松做课题》，加强科研理论知识的学习，提升课题研究水平。

4. 制定方案

确定研究课题，拟定研究方案。通过上网搜索和查阅资料了解国内外同一研究领域现状，并对其分析研究，从而制定出研究目标和方向。

5. 开题报告

本课题于2017年5月立项之后，课题组立即着手准备课题的开题工作，2017年的6月20日上午，"基于桐柏文化的幼儿园课程资源开发的研究"开题会，在幼儿园五楼会议室举行。课题主持人李道玲老师作了开题报告，教科所所长马先淮、幼儿园园长胡明晓对开题报告进行了评议，在充分肯定课题的同时指出了课题改进的建议，当日下午组织了课题组成员围绕本课题研究进行了研讨交流。

6. 资源共享

为了更好开展课题研究，课题组借助中原名师李道玲的知名度和影响力，开通了李道玲名师工作室新浪博客、建立学前教育微信交流群、李道玲工作室学术交流微信群和中原名师李道玲工作室公众号等交流平台，实现资源共享。

（二）课题实施阶段（2017年9月—2019年3月）

1. 对家长、教师的访谈调查

在项目开展前期我们进行了访谈调查。访谈内容是关于我园幼儿教师及家长对于本课题中桐柏文化资源的了解程度及建议。

家长访谈分析：通过访谈大部分家长认为桐柏有大量的文化资源可以利用，比如红色文化、淮源文化、佛道文化以及盘古文化。家长获取桐柏文化知识的途径大都通过网络、电视、书籍报刊以及县委组织的文化宣传学习等。对于幼儿园做桐柏资源课程开发这一课题，很多家长是表示支持的态度，幼儿在耳濡目染中学习着生活中的事物感受着家乡文化的丰富，这对于桐柏文化的传承以及激发幼儿爱家乡的情感具有很大的意义。家长委员会在其中也可以发挥很大的作用，组织家长带幼儿去参观桐柏的文化资源圣地——水帘寺，桐柏革命英雄纪念馆，集体去采集桐柏野果，品尝家乡美食等等。此外，家长建议在组织活动的时候需要每一位参与的家长做好知识的储备，做到不仅仅是玩乐，更重要的是幼儿要了解关于桐柏文化有关的知识，在体验中学习，避免形式大于内容，做到有效利用地方资源和家长资源。

幼儿教师对于课程开发的看法及对桐柏文化的了解状况：通过对园长及一

线教师的访谈，了解到60%的教师是大专学历，30%是本科学历，在教龄上大多是工作10—30年的老教师，教学经验丰富，在课程人员的组织实施上形成了合理的结构布局，这对于教师的专业化培养以及专业素养的提升具有重要的作用。本园幼儿教师在之前有过开发课程资源的经验，比如以桐柏特产为内容组织的课程，再次在桐柏文化资源的基础上开发课程，这对老师来说将有利于教师课程资源开发能力的提升。首先，幼儿教师在前期准备过程中，幼儿园领导组织学习桐柏的文化，比如体验茶文化，实地参观纪念馆、人民英雄纪念碑，做到知识储备丰富，然后深入挖掘文化的内涵，找到有助于幼儿发展并能引起幼儿兴趣的部分，带领幼儿进行学习。开发基于桐柏文化资源的幼儿园课程。在课程开发过程中教师反映主要问题是对于课程开发理论基础不够，教师在开发过程中还是比较迷茫，不能很好地把握桐柏文化与幼儿课程之间的关系。建议：为了避免出现"形式大于内容"的现象，教师在参与幼儿园组织学习的同时需要进行自我学习丰富自己的理论知识。此外建议邀请县里有名的皮影戏、根雕、地方文化的名家与幼儿进行互动，让幼儿近距离感受桐柏文化，体会其中的乐趣。

2. 对教师的培训提升

（1）组织课题组成员学习《幼儿园教育指导纲要（试行）》《3—6岁儿童学习与发展指南》《幼儿园工作规程》《基础教育教学课题研究十八问（方法篇）》及有关桐柏文化，增强课题组成员的专业理论素养。

（2）邀请传统文化传人开展学术沙龙活动，访问文化中心工作人员了解桐柏文化。

（3）主持人先后到温州、余姚、舟山等地学习并与专家交流课题。

（4）课题组收集并学习了与本课题核心概念有关的文献资料，搜集桐柏文化资源，筛选有趣且符合幼儿年龄特点的内容，开展深入层次的学习活动。

3. 明确桐柏文化内涵和幼儿园课程开发思路

（1）桐柏文化内涵

桐柏文化即桐柏地区人们在长期共同生活中形成和创造的，与桐柏人民生活息息相关的比较稳定的桐柏物质文化和精神文化的总和，包含桐柏传统文化、乡土文化等。

桐柏乡土文化资源：家乡的名胜风景如水帘洞、黄岗红叶、佛教学院、家乡的竹编、桐柏茶叶、桐柏蕙兰、桐柏豆制品、桐柏大枣、板栗、木瓜基地、桐柏山野菜、桐柏中草药、桐柏竹编、桐柏艾草等。

桐柏民俗文化资源：桐柏山歌、皮影戏、民谣、快板、地方民俗踩街活动（舞狮、划旱船、舞龙、扎彩灯、猜谜）。

红色文化资源：桐柏英雄、桐柏革命纪念馆、桐柏革命英雄纪念碑、榨楼等革命遗址等。

（2）幼儿园课程开发思路

通过访谈家长、幼儿教师、传统文化传人以及查阅资料我们对桐柏文化有了一定程度的了解。同时根据《3—6岁儿童学习与发展指南》，幼儿的年龄特点以及学习规律，筛选出适合纳入幼儿课程的桐柏文化资源，使课程以适当的方式展现出来。

4. 桐柏文化课程的设计与实施

（1）以"桐柏文化"为主题的环境创设：

室外环境：家乡特产、自然风光、桐柏红色文化实物抗战用品、皮影戏。

区域环境：小小茶馆、表演区、民俗区。

室内环境："美丽桐柏""我爱家乡""家乡的风光""家乡的特产"等主题墙环创。

（2）采集桐柏山野果；品尝家乡桐柏的特色美食（桐柏豆筋）；参观水帘寺；亲子活动（打水漂）等。

（3）多种形式进行课程组织实施：课题组根据研究的可操作性确定小、中、大班幼儿为研究对象设计课程方案，围绕"桐柏文化"中茶艺、神话传说——盘古开天、皮影戏、水帘洞、黄岗红叶、桐柏革命纪念馆等设计主题活动，并制定方案。

依据相关教育内容，各领域相互渗透，开展形式多样的教学活动及丰富多彩的主题教育活动。充分利用家长、社区资源开展相关社会实践活动。

5. 相关课程资源的利用

（1）邀请传统文化传人（划旱船、戏曲）以及对桐柏文化比较了解的家长参与课程设计。

（2）邀请市、县教研室工作人员参与课程设计。

（3）分批组织教师外出参观学习或参加省、市级研讨观摩活动。

（4）开通了课题研究博客和微信公众号，对课题研讨，主持人与浙师大导师保持联系，科研中遇到的困惑及时解决。

6. 多方邀请专家指导完善

（1）课题答辩专家指导再提升。主持人李道玲于2018年3月30日在浙江余姚开题答辩。开题评议专家有：杨光伟（浙江师范大学教育学院主任）、朱秋蓉（杭州市基础教研室）、谢蕾蕾（河南郑州）。参与人员有：剧爱玲（中原名师唐河县第三初级中学）、郝爱荣（中原名师新乡市第一中学）、张国锐（中原名师南召县第一高级中学）、常志清（中原名师安阳市第六十四中学）、葛庆霞（中原名师南乐县第一高级中学）。会上，课题组负责人李道玲就"基于桐柏文化的幼儿园课程资源开发研究"作了开题报告。从问题的提出，研究的意义，核心概念界定，国内外相关研究文献综述，研究目标，研究内容，研究的重点、难点，研究的创新点，研究方法，组织分工，研究进度安排与阶段性成果，经费分配和保障措施，主要参考文献等几个方面进行重点性阐述。

专家们在听取开题报告后，认为本课题研究目标清晰，核心概念界定层次清楚，有很好的研究素养和研究基础；课题研究方法选择恰当，能确立两至三种重点研究方法，便于操作，增强可行性；建议课程开发关键把握四个维度，内容再聚焦一下，形成有独特的课程。

（2）与高校取得联系聘请高校专家，进一步明确基于桐柏文化的幼儿园课程资源开发的研究方向，主持人导师浙江师范大学杭州幼儿师范学院刘宇博士和郑文哲导师参与我们的课题并进行互动交流，河南省教科所徐万山教授指导本课题研究。组织课题诊断小组，对基于桐柏文化的幼儿园课程资源开发进行会诊分析梳理教学中的问题和差距，探讨课题研究的可行性途径。通过专家会诊，幼儿园确定了以桐柏文化为切入点进行课题研究的教师研修模式。

7. 课题中期汇报专家引领见成效

2018年10月22日，主持人李道玲老师在浙江丽水中学高一教学楼（5号楼）405教室做课题中期汇报，张立新（浙江师范大学教育学院导师）、颜巧英（丽水市教科院教研员）、张晓华（河南省基础教研室教研员）担评议专家，部分教学名师、中原名师参加汇报。

李道玲老师先就课题开题以来的工作进展情况进行了梳理，并从课题的研究步骤、目标、方法与策略，已取得的阶段性成果，课题研究的主要创新点，存在的问题与对策，下一步研究的工作重点，可预期成果等几个方面进行详细阐述。

专家们在听取研究工作情况汇报后，对于课题研究的指导意见，拓展了课题研究的视野，对于接下来进一步补充与完善课题研究内容，提供了真知灼见，给课题组老师的后续研究提供了更广泛的思路。这些将成为课题研究下一阶段的工作重点。整个活动，营造了良好的学术交流氛围，使得我们的课题研究朝着科学性、实用性的道路上坚实迈进。

研究过程中，课题组举行了10余次课题研讨会，组织了4次课题沙龙会，编发了50余次课题简报，子课题研究"红色主题活动与幼儿良好品德培养的实践研究"于2018年12月结题。

（三）课题总结阶段（2019年4—6月）

（1）编辑了一本课题研究成果论文集，大、中、小主题活动方案集，四大模块案例分析集，丰富桐柏文化课程资源库的建设。

（2）召开课题总结会议：2019年5月20日上午，课题组在幼儿园五楼会议室召开了课题研究总结会，课题主持人李道玲老师汇报了课题自2017年5月至今的计划执行情况和取得的研究成果，并介绍了本课题后续的研究计划。

（3）认真撰写课题研究报告。

收获篇：研究成果及社会影响

一、课题研究的主要成果

（一）桐柏文化课程资源开发的原则

基于桐柏文化的幼儿园课程资源开发，合理地筛选课程资源是基础，为确保开发和利用的课程资源的应用价值，我们课题实施的过程中突显以下原则：

（1）理论与实际相结合原则。在进行研究时坚持理念与实际相结合的原则，遵循陶行知先生的"生活教育"理论。

（2）开放性原则。在研究过程中允许激励教师有不同意见，创设条件引领教师大胆的想象和不断的尝试，注重自我反思、同伴互助和专业研究人员的专业引领，注重园际间的合作与交流。

（3）多样性原则。以幼儿的实际需求为出发点，多种形式、多种途径、多种模式地进行桐柏文化课程开发的研究，有针对性地解决教育教学过程中的问题。

（4）促进性原则。开展桐柏文化的幼儿园教学实践研究，促进幼儿全面和谐发展，提高教师业务水平，实现幼儿园跨越式发展。

（5）创新性原则。在本课题研究中创新体现新内容、新途径、新方法。新内容即挖掘以前未被开发和利用的内容资源；新途径即建构课题的课程研究模式；新方法即老资源新利用，老游戏新玩法。

（二）桐柏文化课程资源开发的内容——四大模块

桐柏悠久的文明和丰富的文化遗存孕育了内涵丰厚的淮源文化，其中盘古文化、淮渎文化、佛道文化和红色文化四大文化，以其悠久的历史、深厚的文化，独特的区位优势塑造了淮源独特的文化魅力。

课题组通过深入桐柏及各乡镇实地调查、查阅相关文献资料及儿时亲身经

历，结合幼儿园课程资源开发的基础理论，以基于桐柏文化的幼儿园课程资源
开发为起点，筛选出桐柏文化资源中的相关内容，分析归纳整理形成了基于桐
柏文化四大模块内容即红色文化模块、民间民俗文化模块、生活文化模块、自
然资源模块。

1. 红色文化模块

我们的家乡桐柏是著名的革命老区，是红军的故乡，在这片红色的土地上
有着光荣的革命历史，三军会师就在桐柏，如今桐柏人民英雄纪念碑、革命文
化纪念馆成为桐柏的标志性建筑。这些丰富的红色文化资源，是我们进行本
土文化教育的优势。

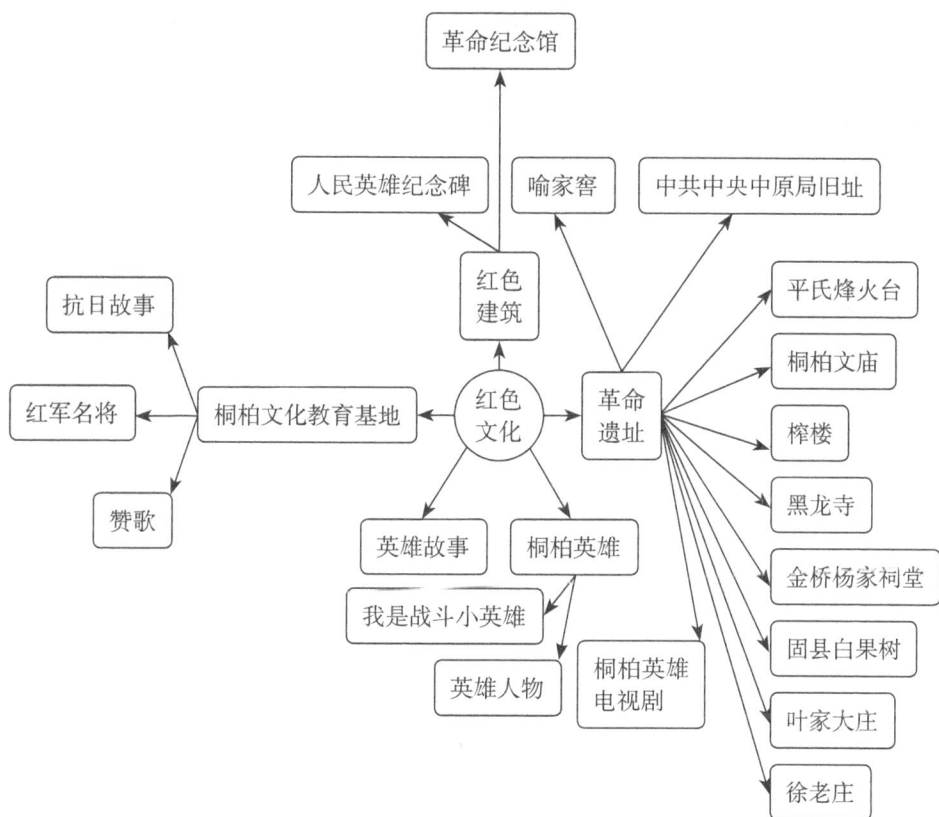

桐柏文化资源之红色文化

2. 民俗文化模块

桐柏得天独厚的地理及人文资源孕育了独特的淮河源民风民俗。这里乡土气息浓厚，民风淳朴，民俗千姿百态，丰富多彩，形成了在淮河流域及全国独具特色的淮河源民俗文化。其主要内容有：好听的桐柏山歌、门派的桐柏皮影戏、风趣的淮源渔鼓、豪爽的桐柏门板宴、历史悠久的淮河源地方农事风俗、广为流传的民间舞蹈和地方戏曲等。

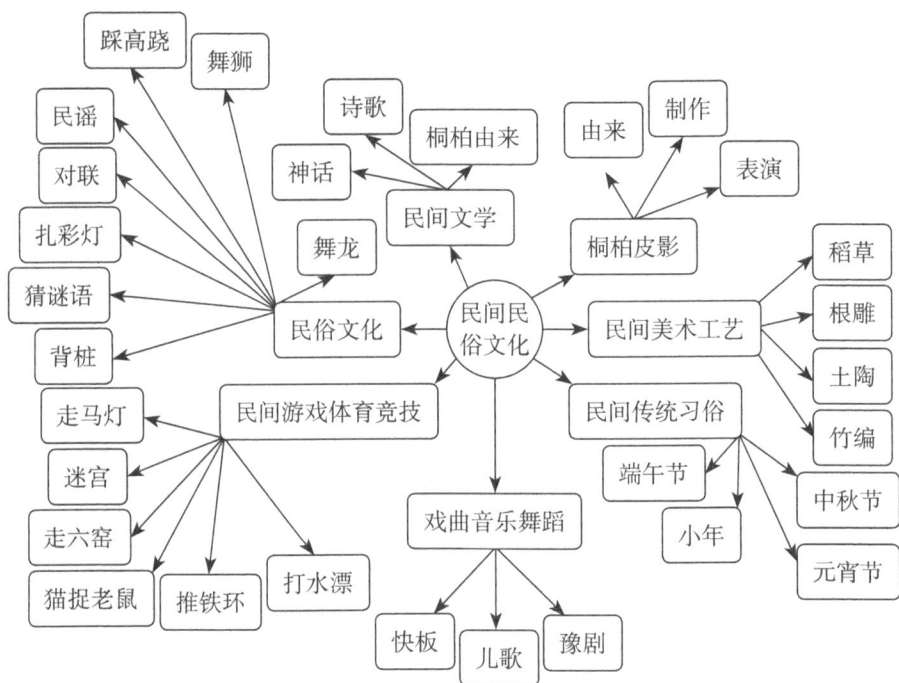

桐柏文化资源之民俗文化

3. 生活文化模块

桐柏生活文化包括桐柏茶叶、桔梗、豆筋、木瓜、板栗、大枣、艾草等。

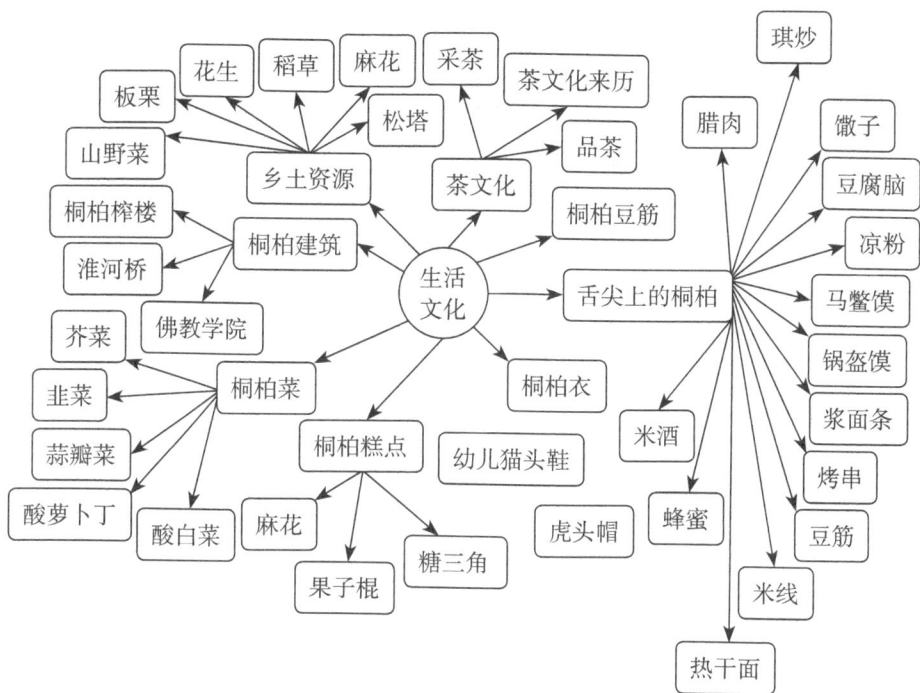

桐柏文化资源之生活文化

4. 自然资源模块

桐柏是千里淮河的发源地，拥有淮源风景名胜区水帘洞、桃花洞、太白顶、淮河、桐柏革命英雄纪念馆、桐柏山黄岗红叶等自然景观，桐柏山主峰太白顶海拔1140米，积淀的淮渎文化更是值得珍惜。"盘古神话""大禹治水""禹王锁蛟"及"太阳神"的传说在民间广为流传。

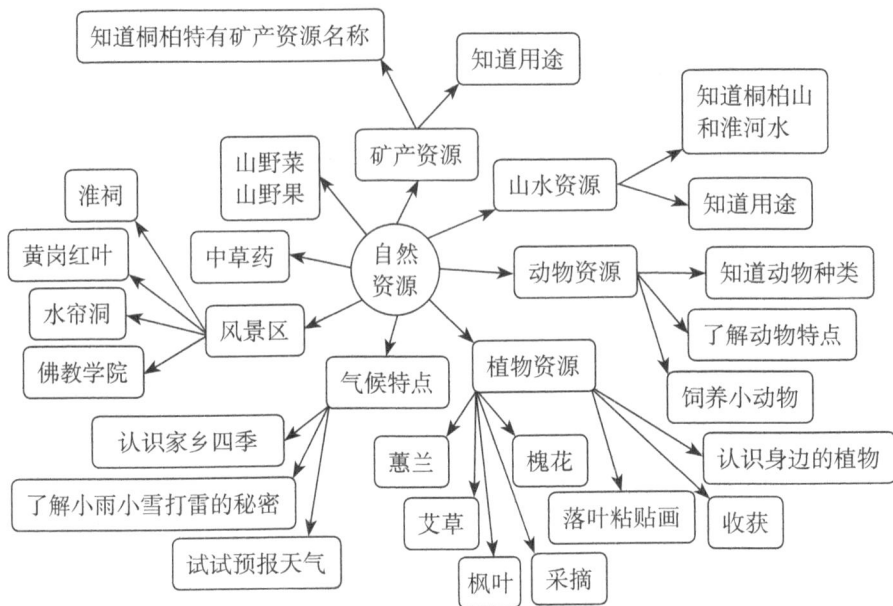

桐柏文化资源之自然资源

（三）桐柏文化课程资源开发的有效载体——班级主题活动

桐柏文化课程资源种类众多，不仅有丰厚的红色资源、自然资源、独特的饮食文化资源，还有源远流长的民间故事、民间传统习俗、民间美术工艺、民间音乐戏曲、民间游戏等文化课程资源。课题组面对如此多姿多彩的地方文化课程资源，在现有发展水平基础之上，通过实践活动将丰富的桐柏文化课程资源融入幼儿园课程，满足了幼儿的不同发展需求。同时进行深入研究：桐柏文化课程资源与幼儿园原有课程之间是水乳交融、共生共荣的关系，两者并不冲突、排斥，桐柏文化课程资源是对原有课程内容和活动类型的补充和丰富，原有课程也需要地方文化课程资源注入新鲜血液，课题组取其精华所筛选出具有较高幼儿教育价值的，能够符合幼儿身心发展水平、特点，能够丰富幼儿生活经验，体现当今社会多元文化的需求的内容，将地方文化转化成幼儿"自己的文化"。

确定主题是整合性课程资源开发利用的第一步，也是最重要的环节，它犹如人体骨骼，主题确定后才能使主题活动羽翼丰满。主题的确定考虑到幼儿的生活经验、认知水平和长远发展，同时对应和覆盖幼儿教育目标的要求。课题组依据所收集的桐柏地方文化课程资源及幼儿园实际情况，从主题名称到目标、内容，大班拟定了6个主题、中班4个主题、小班4个主题共分了14个活动主题。

大班上期主题活动		
主题名称	涉及领域	活动内容
红色桐柏	语言	红军花
	音乐欣赏	妹妹找哥泪花流
	体育	战斗小英雄
	健康	桐柏小英雄
	美术	秋风吹下红叶来
	实践活动	参观桐柏革命纪念馆
	语言	桐柏英雄故事红军花
	科学	各种各样的武器
家乡美	社会实践	桐柏淮祠
	社会	有趣的竹编
	音乐	夸夸我的家乡美
	数学	特产超市
	科学	各种各样的树
	科学	树的种类
说唱桐柏	美术	美丽的干花
	美术	有趣的根雕
	美术	水墨画兰花
	社会	家乡的水帘寺风景区
	社会	我骄傲，我是桐柏人
	科学	认识桐柏茶叶
	数学	年的故事
	数学	碗碟分类
	音乐	桐柏桐柏我爱你
	美术	瓦罐

大班下期主题活动		
主题名称	涉及领域	活动内容
家乡的宝藏	美术	美丽的扎花
	美术	最美虎头鞋
	美术	捏面人
	科学	家乡中的草药
	科学	桐柏豆筋
	社会	家乡地图
	社会	请你来喝茶
	健康	爱护小树苗
	科学	家中的宝
	数学	特产超市
	语言	家
	音乐	柳树姑娘
家乡游戏大集合	社会	舞狮
	体育	编花篮
	体育	踩高跷
	体育	斗鸡
	体育	滚铁环
	健康	跳房子
	健康	踢沙包
	社会	民间玩具
	音乐	老狼老狼几点了
我长大了	科学	我们的家乡真大
	美术	全家福
	音乐	买菜
	语言	爸爸妈妈的工作

中班上期主题活动		
主题名称	涉及领域	具体内容
美丽的秋天	科学	竹子和竹制品
	科学	奇妙的声音
	语言	美丽桐柏是我家
	综合活动	家乡的山野果
	美术	树叶印染画
	语言	桐柏童谣《盘脚盘》
	数学	花生乐
	健康	运南瓜
	音乐	在农场里
	综合活动	家乡的山野菜
欢欢喜喜过大年	科学	桐山童趣
	美术	太白雪景
	体育	放炮仗
	语言	春节歌谣

中班下期主题活动		
主题名称	涉及领域	具体内容
我是桐柏娃	科学	香香的香菇
	社会实践	参观水帘洞
	语言	我的家乡桐柏
	体育	桐柏之旅
	音乐欣赏	桐柏颂
桐柏民俗大集合	健康	拉大锯
	科学	认识竹制品
	语言	快板《淮源赞》
	社会	端午节
	社会实践	桐柏新农村

小班上期主题活动		
主题名称	涉及领域	具体内容
我的家乡在桐柏	数学	树叶宝宝比大小
	美术	拧麻花
	社会	好吃的槐花
	社会实践	采摘野菊花
	生活活动	找礼物
	语言	点小脚
快乐的节日	美术	红包娃娃
	健康	放鞭炮
	社会	快乐的元宵节
	社会	我长大了
	音乐	我爱我的桐柏山
	语言	过大年

小班下期主题活动		
主题名称	涉及领域	具体内容
花花绿绿	主题活动	草莓
	科学	美丽的杜鹃花
	美术	花儿朵朵开
	美术	蔬菜水果拓印
	美术	桃花开了
	语言	小花鼓
	数学	花儿朵朵
躲躲藏藏	语言游戏	猜猜我是谁
	语言	炒豆豆
	美术	有用的箩筐
	体育	老鼠笼
	体育	老鹰捉小鸡
	语言	小老鼠上灯台
	数学	神秘的大自然
	科学	影子
	美术	小小设计师

（四）桐柏文化课程资源开发的环境创设

主持人李道玲老师在一篇经验论文中关于红色文化环境创设这样阐述：教育学家指出，良好的环境对于孩子的智力开发、个性陶冶和情感激励所产生的作用是巨大的，是教育过程中其他因素不可替代的。环境的创设过程也是孩子学习认知的过程，课题组充分拓展环境的主题内容、创作形式，以及后续的教育内涵，从而促进孩子与环境的互动。我们从物质环境和精神环境创设入手，让幼儿在参与环境创设，在与环境的积极对话过程中，加深对桐柏文化的体验，萌发爱家乡的情感。

1. 物质环境创设

幼儿园的整体环境充分体现了环境为课程服务，环境追随幼儿发展的教育理念。我们教师在布置环境中考虑，幼儿是环境创设的主角，内容是幼儿感兴趣，内容与幼儿当前的学习活动紧密结合，满足幼儿获取经验的需要，始终有幼儿参与，特别是主题墙的创设，注重幼儿参与环境创设过程的体验。在课题组的带动下形成班班有主题，楼楼有特色的桐柏文化主题创设。例如主题"美丽桐柏""我爱家乡""家乡的风光""我爱家乡的美"等，用竹、麻绳、树叶、树皮、树棍、丝瓜瓤、大小不一的葫芦瓢装饰成为环境中亮丽的风景线；不起眼的葫芦，锯开成瓢涂色装饰不同的动物、人物、花瓶等造型成为精美的工艺品挂饰，山上的松果涂上五颜六色的颜色，串起来组成美丽的吊饰等；映入眼帘的是幼儿园大厅环境，长廊、楼梯的耙子上都挂着醒目的大字"美丽桐柏"；家乡特产、自然风光、桐柏红色文化实物抗战用品、皮影戏、桐柏的风景名胜等，展现在幼儿园的走廊、转台、大厅等位置，时时刻刻对幼儿进行着桐柏文化的熏陶。

区域活动促进幼儿主动发展，心理学家埃里克森指出：促进幼儿自主性和主动性的发展，是早期教育的基本任务。幼儿天生就具有好奇、冒险的本能，具有探索、探究的欲望，区域活动为幼儿营造了宽松、自由、和谐的环境氛围，激发了幼儿的兴趣。因此，我们依据桐柏文化资源创设开展了具有乡土气息丰富多彩的区域活动。例如："桐柏茶庄""家乡戏曲小舞台""民间游戏""民俗文化表演区""皮影戏小舞台""家乡乡土资源美术功能室"的区域等。

2. 精神环境创设

（1）民俗文化萌发幼儿爱家乡的情感。"桐柏文化"课程重点是增进幼儿的社会认知，激发社会情感，习得良好的品质。因此，在课程实施中我们以感受体验，潜移默化地浸润幼儿心灵为主旋律。

① 着眼生活中珍贵的艺术素材。艺术与生活方式有着密切的互为关系，它提供了人们日常生活的物质基础和条件，生活中的衣食住行乃至整个生活环境都充满珍贵的艺术特点，为此，我们收集桐柏文化中的艺术素材，开展幼儿园课程活动。民间民俗模块中舞狮舞龙、虎头鞋、扎花艺术、根雕艺术以及皮影艺术等都是生活中最为经典的艺术素材；生活文化模块中舌尖上的桐柏体验了嗅觉、味觉、触觉之美。

② 与艺术大师互体验更真实深刻。艺术大师本就是一道家乡文化的风景，邀请艺术大师走进幼儿园与孩子们互动、交流、亲自体验、共同表演，激发孩子学习的欲望，无疑是一件非常有意义的事情。艺术大师向幼儿传授民间艺术技艺的相关技巧，有利于民间文化的传承与发扬。如虎头鞋传承人侯秀梅奶奶、皮影戏表演大师彭大义爷爷、根雕艺术大师谌叔叔，这些民间艺术与孩子生长的环境息息相关，是我们家乡最宝贵的艺术，幼儿在艺术大师的指导下、在艺术作品的熏陶下体验美、感受美并创造美。

③ 辐射引领才能实现课程本身应有的价值。通过开放式活动向全县幼教同行展示，依据桐柏文化设计的课程，孩子们感到无比的自豪，感受到家乡文化的丰富与多彩。同时引领教师向课程生活化，课程游戏化迈进，让教育回归生活，把游戏还给幼儿。

（2）实践活动开启幼儿探索发现之旅。让教育回归真实的生活，让幼儿回归大自然，这是幼儿教育的新理念，也是我们努力追求的课程发展方向。大自然是一部真实、丰富的百科全书，蕴藏着巨大的教育财富，为幼儿获得对世界的感性认识提供了天然的场所，这对于擅长在生活中探究学习的幼儿来说，也是非常难得的学习和生活经历。如我们桐柏根雕是一种特殊艺术文化，具有奇特古朴，抽象夸张的艺术等特点，根雕大师们的作品曾在全国根雕竞赛活动中获金奖，他们正在着手为桐柏申报国家级根雕艺术之乡。课题成员周国智老师组织的大班美术活动"有趣的根雕"将根雕作为幼儿创作载体，引领孩子开启探索发现之旅，孩子通过实地欣赏，实物观察，引领孩子回归自然和纯朴，了解根雕的创作特点，感受根雕的艺术美。让幼儿尽情动手。在操作中感受乐趣，在探索中主动创造，在体验中尝试成功，在交流中获得经验。

（3）主题活动，促进了幼儿的各项能力的均衡发展。桐柏物华天宝，人杰地灵，为了让家乡文化走进幼小的心灵，我们开展了一系列的大型主题活动，如：在"融家乡文化、展运动风采"幼儿运动会中，将民俗与运动项目相结合，设计了"桐柏小英雄""采茶""抬花轿""划旱船"等竞赛游戏，使幼儿掌握走、跑、跳、平衡等基本的运动技能和方法，发展幼儿身体的协调性和灵活性，增强幼儿的体质，提高幼儿团结协作的能力；在"幼儿颂祖国赞家乡"诵读比赛中，培养幼儿的语言表达能力，增强孩子的自信心。在区域主题活动中，幼儿模仿小小主持人，我是小导游，讲解我们家乡的文化，自编自演，尽情发挥，不仅陶冶了情操，锻炼了幼儿的语言表达能力，动手操作能力和与同伴合作能力。在区域表演游戏中孩子们这样唱道：

美丽桐柏是我家

竹板一打啪啪响，桐柏美景我来讲：
景色秀美水帘洞，淮源河水清又长，
最高山峰太白顶，云雾缭绕似仙境，
桃花洞中藏古寺，黄岗红叶醉四方，
家乡美景数不尽，我们把她美名扬。

（五）桐柏文化课程资源开发中家长和社区作用的发挥

课程资源开发利用是一项合作性工作，所谓合作性开发利用就是人与人、群体与群体之间为达到课程资源开发利用的共同目标，彼此之间互相联动、配合的策略。本研究着重依托家长、社区，合作开发利用桐柏文化课程资源。

1. 幼儿园与家长合作

以家长为依托合作性开发利用桐柏文化课程资源，就是在课程资源开发利用的平台中，幼儿园争取家长的支持、理解与主动参与，发挥家长的教育力量，彼此尊重、信任、配合，提升双方对幼儿园地方文化课程资源开发利用更加深入、多元的认识和能力，共同努力促进幼儿全面、和谐、健康发展。具体表现有：家长为幼儿和幼儿园提供桐柏文化课程资源的相应物质材料；为幼儿提供相应的桐柏文化知识经验；参与、助教幼儿园桐柏文化活动，展现桐柏文化特长和才能；为幼儿园桐柏文化课程资源开发利用研究提供建议等。

（1）民俗文化开发的合作

① 请幼儿父母、祖父母为幼儿讲述桐柏民间故事、民间神话传说。

② 邀请幼儿家长参与幼儿园亲子民间故事比赛、亲子民间谜语比赛、亲子民间童谣比赛等活动，传统节日活动时，家长带领幼儿参与传统习俗活动，向幼儿介绍习俗名称、由来等，让幼儿置身其中感受桐柏民间传统节日习俗。

③ 引导家长帮助幼儿在日常生活中了解优良传统习俗，增进对桐柏民间传统习俗的理解。

④ 请家长提供桐柏民间美术工艺作品的物质资源，例如各种民间美术工艺作品的图片、桐柏竹编、扎花工艺品，邀请家长参与幼儿园亲子民间游戏比赛等。

（2）自然资源文化开发的合作

① 请家长帮忙收集桐柏特有自然资源的图片或实物，例如桐柏风景名胜图片，野鸡、野兔、野猪、山野果、八月炸、桑葚等桐柏特有动植物资源的照片，大米、花生、红枣、板栗等供给桐柏人民生产生活的农作物。

② 周末、节假日带领幼儿到桐柏农田、水边、树林，认识与幼儿生活息息相关的自然资源，感受桐柏四季分明的气候特点和大自然的魅力。例如，春季亲子踏青活动，秋季亲子远足活动等。

（3）建筑景观文化开发的合作

① 请家长帮忙收集桐柏具有建筑特色的图片，例如桐柏佛教学院、红色纪念馆等。

② 周末、节假日带领幼儿参观、游览桐柏黄岗红叶、太白顶、美丽乡村等建筑景观，并拍照留念，写下幼儿参观时的内心感受或对家乡特色建筑文化的理解等。

③ 邀请在桐柏建筑景点工作的幼儿家长进园为幼儿讲解各景观的建筑文化，或者在幼儿参观过程中，邀请在此工作的家长担任导游。

④ 引导家长有意识地帮助幼儿观察居住小区的建筑构造、建筑特点等，了解民居建筑文化。

（4）生活文化开发的合作

① 请家长帮忙收集桐柏地方小吃，供幼儿品尝。

② 请家长为幼儿准备制作桐柏地方小吃的简单食材，让幼儿动手，尝试制作。

③ 邀请家长与幼儿共同参与幼儿园地方饮食小吃制作比赛，并分享制作成果。

④ 邀请掌握桐柏小吃制作技能的家长，与幼儿园营养师、厨师一起为全园幼儿准备丰盛的小吃宴。

（5）红色文化开发的合作

以家委会为依托带孩子参观桐柏革命纪念馆，参观了淮祠和桐柏遗址等寻找老前辈讲解放桐柏故事，桐柏的发源地，桐柏历史名人，桐柏英雄的故事，桐柏的神话故事等。家委会组织各班开展家长唱红歌比赛活动，将红色文化融入了爱家乡、爱祖国的情感教育，培养幼儿的坚强、勇敢、自信合作与分享等优秀品质，促进了幼儿社会性的发展。

2. 幼儿园与社区合作

以社区为依托合作开发桐柏文化课程资源，就是指幼儿园与社区在基于桐柏文化的幼儿园课程资源开发研究的基础上，在课程资源开发的平台中，充分、有效利用社区有利条件，促进幼儿全面和谐、健康个性发展，实现合作共育。

（1）民俗文化开发合作

① 幼儿园与社区合作，通过社区民间音乐、舞蹈、戏曲团体收集各种民间

艺术图片、视频等桐柏民间艺术资料，与精通桐柏民间音乐、舞蹈、戏曲的社区艺人和社区年长者建立广泛联系，邀请其到我园举办讲座、展演，为幼儿讲桐柏民间传统习俗由来、讲民间故事，民间故事剧表演比赛等活动。

② 组织幼儿一同参与社区传统节日的庆祝活动、集会活动，了解、感受传统节日习俗，例如庙会、全民健身运动会、灯谜、舞狮等。

③ 邀请社区民间美工艺人到幼儿园助教，聘任其担任幼儿园美工活动辅导员。

④ 组织幼儿到桐柏淮渎公园听桐柏票友唱大戏，观看桐柏武术表演，了解桐柏武术，参与社区居民的民间音乐、舞蹈、戏曲活动，合理使用社区健身器材和健身场馆，增强体质，培养幼儿刚毅的意志品质等。

（2）自然资源文化开发的合作

① 让幼儿走出去，亲近社区的自然环境，感受桐柏大自然的美。

② 社区文化宣传板粘贴保护桐柏自然资源的宣传海报，让幼儿在认识桐柏自然资源的基础上，认识到身为桐柏一员应有保护家乡环境的责任意识。

③ 组织幼儿游览、观赏社区的雕塑、广场等具有桐柏地方气息的建筑景观，邀请社区工作人员为幼儿简介其建筑构造、特点等。

④ 组织幼儿和社区居民一起参观社区所属的各建筑景观，请社区居民与幼儿一起分享、交流参观体验。

（3）生活文化开发的合作

① 邀请会制作桐柏地方小吃的社区居民教幼儿制作，指导、帮助幼儿掌握制作桐柏特色饮食技巧。

② 幼儿将制作好的桐柏小吃赠予社区孤寡老人、社区养老院等。

③ 与社区商店、超市合作，带领幼儿到社区商店、超市寻找桐柏地方小吃，并尝试体验如何购买地方小吃，丰富幼儿的生活经验。

（六）桐柏文化课程资源库建设

以满足幼儿的发展需要为宗旨，为教师工作的有效性和专业性提供支持。我们课题组建立了幼儿的学习资源（收集）、教师的教学资源、家长资源和社区资源，家乡文化的珍藏资料，了解家长中的传统承人，例如：家乡戏，扎花、虎头鞋等桐柏文化课程资源开发实践活动案例30篇，每节活动有课堂实录、照片、教师制作与教学配套的图片、PPT课件、音乐等，课题组同时创编了儿歌6首、顺口溜1首、快板1首，将所有教学资源收纳入库，帮助教师通过资源库的渠道，不断提升教师的专业能力。

为了解更多的桐柏文化方面的信息，课题组关注了"桐柏融媒""桐柏在线""桐柏发布""桐柏文艺""福人居桐柏""文明桐柏""桐柏之窗""美丽桐柏"等公众平台，了解桐柏的悠久历史，古老的民风，听桐柏声音和故事、看桐柏唯美图片，了解最新发展动态和最新时政，并把这些信息分享给家长和微信朋友，让更多的人了解桐柏走进桐柏。课题组收集了大量的桐柏文化书籍，网络收集，建立桐柏文化资源库，建立根雕艺术课程实践开发基地，常态有效地开展社会实践教育活动。资源的整合利用，让教师有"米"下锅，让幼儿有"米饭"可食，通过大家的努力，让教育变得更轻松，让幼儿享受到更多乐趣。

（七）桐柏文化园本课程的实施——研磨课案例

"以研促教提升教师专业水平，以园为本，推进园本教研；以活动为载体，拓宽园本教研平台。"老师们在研究、探索中不断成长，以研促教、以课题促特色发展，以课题促幼儿园发展，扎扎实实做教育、认认真真研究课题。课题组依据四大模块从主题活动方案中，按照幼儿年龄段以大、中、小班为对象选取有桐柏文化特色的内容，丰富教学活动形式，研磨教学活动环节，依据桐柏文化在幼儿园的课程资源开发的基本模式，疏理、分析和研磨出了30篇教学实践方案，形成了研磨课案例集，其中"家乡的中草药"获市级优质课一等奖；"我骄傲我是桐柏人""划旱船""桐柏豆筋""最美虎头鞋""美丽的干花草""捏面人"6节活动均获市优质课二等奖；"有趣的根雕""家乡的地图""美丽的扎花"获县优质课一等奖；"家乡皮影戏""战斗小英雄""妹妹找哥泪花流""奇妙的声音""小小设计师""家乡的馓子""有趣的树叶敲拓染"7节获园优质课奖。其中，"有趣的根雕""家乡皮影戏""最美虎头鞋""家乡的中草药""有趣的树叶敲拓染"在主持人名师工作室对来自名个地区的省名师骨干教师培育对象培训和全县300多名幼儿教师和200多名家长中进行了课程展示活动。另外，"划旱船""桐柏豆筋""家乡的地图"3节活动送教下乡，把家乡的文化资源传承给更多的孩子；课件"我爱家乡桐柏美"获市级一等奖；辅导科技创新绘画"脑波成像皮影戏"获省教育厅辅导老师二等奖。

二、课题研究的社会影响

课题主持人李道玲在全县做经验交流和沙龙研讨4次，送教下乡3次。成员：胡明晓召开桐柏文化的幼儿园课程资源开发主题研讨会2次，靳古彦案例分析教学研讨4次，赵霞访谈分析与讨论2次，孙娥、周国智开展座谈会和家委会亲子活动社会实践活动。各项活动的开展引起了社会各界的一致好评，在媒体上宣传和报道，受到姊妹园的关注并纷纷来园学习观摩。

（一）借名师工作室加强成果交流

2018年12月7日，"中原名师刘巧茹、李道玲工作室联盟"对省名师骨干教师培育对象集中研修，在许昌实验幼儿园三楼多功能厅开班培训。来自20多个县市的学员和许昌市6个集团的幼儿教师近400人，12月9日下午，李道玲老师作了"本土文化在幼儿园课程资源开发的实践与运用"专题讲座。从"本土文化""本土文化课程资源开发与实践"两方面做了详细阐述，使大家更加深刻地了解了什么是本土文化、为什么要开发本土课程以及实施的策略，并带去了两节录像课"家乡皮影戏""有趣的根雕"和研磨案例，老师们领略了本土文化的独特魅力，带给教师们对园本教学有了新的思考。

对此活动课题组梳理成文，对河南省名师骨干教师进行了培训，在她们的感悟中这样写道：

① 李道玲老师的"本土化在幼儿园课程资源开发中的实践与运用"讲座，让我们大开眼界，怎样将本土化融入幼儿园课程，最终形成园本课程，从课程的研发，到课程的实施，李老师为我们做了详细的解说，一直困惑的问题也在李老师这里找到了答案。

② 李老师她们对桐柏文化深入挖掘，使桐柏的皮影戏、根雕、茶文化都生成为幼儿园园本课程，活动开展得丰富多彩。我是三门峡李晓燕老师，作为省

名师培育对象，其实说我们的仰韶文化也很丰富，仰韶文化是黄河中游地区一种重要的新石器时代的彩陶文化，在我们渑池有代表性的文化有：仰韶彩陶、泥塑、仰韶酒、仰韶土特产等，开发本土教育资源课程是我们努力的方向和目标。

③李道玲老师给大家带来的是"本土文化在幼儿园课程资源开发的实践运用"，我们不仅了解如何开发本土文化，李老师对家乡满满的感情也深深地感染了我们，桐柏是一个文化底蕴深厚的地方，更是一个充满教育情怀的地方。我们也常常在想，我们的本土文化在哪里？我们是不是也可以通过园本课程"我的最美家乡"，让孩子们更加深入地走进家乡的文化，感受浓浓的家乡情。

2019年3月18日李道玲和工作室全体成员与省名师骨干教师培育对象开展网络研讨交流活动，活动主题以家乡的民俗文化为切入点，大班"家乡的地图"、中班"地方文化亲子社会实践活动"、小班"红包娃娃"，深入贯彻《3—6岁儿童学习与发展指南》精神，立足本土文化，引领工作室的名师和骨干教师们，伴随着优美的钢琴曲，阅读着李老师的活动寄语，欣赏着各位教师的活动设计方案，轻松愉快地进入网络研修环节，开启了一场同课异构的教研之旅。"同课异构"作为一种教学研讨形式，为参与活动教师搭建了一个畅谈教学思想、交流教学设计和展示教学风格的平台。在活动中，无论是对于活动的设计者还是参与研讨者，都受益匪浅。作为活动的设计者，不但能在集体活动设计的大舞台上尽显所能，而且还可以在相互的比较和学习中，充分认识到自己对活动主题的理解和处理等方面与他人的差异，从而达到优势互补、相互切磋与共同提高的目的。

本次网络教研活动，为学员们搭建了一个互助互学、互动交流的平台，让大家清楚地看到不同的教师对同一教材内容的不同处理，不同的教学策略所产生的不同教学效果，并由此打开了教师的教学思路，彰显了教师的教学个性，真正做到"教学有价值、教学有效果、教学有效率、教学有魅力"。

（二）城乡牵手引领农村教师专业成长

为促进我县城乡幼儿园教师间的相互交流、实现专业同步发展，充分发挥名师工作室的示范、引领、辐射作用，凸显"立足前沿、实践探索、互助交流、共同发展"的活动宗旨。全面落实优质教育均等化，城乡教育一体化的学前教育发展战略，桐柏县幼儿园李道玲名师工作室，积极探索提升农村幼儿园教师设计组织教学活动能力的途径与方法，经过实践研究探出了自己一套经验，名师工作室近三年来研究了"基于桐柏文化的幼儿园课程资源开发的研究"，并以此为主线，进行送教下乡活动，提升了基层、薄弱幼儿教师教育教学能力，达到资源共享。

根据农村园所需求，提出合理化建议。安鹏乡一小幼儿园，送去了家乡最有代表性的教学活动"桐柏豆筋"和家乡民俗文化活动"划旱船"。在教研讨论中，运用思维导图的方式将活动中的亮点与不足进行了梳理与整理，并互相交流自己的想法、理念，共同探讨乡土文化在幼儿园中运用的重要作用，就教学技巧、组织形式、师幼互动等进行了热烈的座谈互动。

教师们说：安棚碱矿在我们园附近，我们也可以利用这些资源邀请碱矿的工人叔叔来帮孩子们了解碱的知识，我们把研究的成果摘选其中最接地气适合乡镇园运用的课程编辑成册赠送给她们，拿来即可运用，解决她们的燃眉之急，老师们说：不仅传经送宝，而且雪中送炭，有你们团队的引领，我们是最幸福的。

在课后教研交流活动中，埠江幼儿园园长和老师们这样说：参加咱县园本课程开发展示活动给予我们老师很大的启示，带给我们灵感，不是只停留在教参上而是走出去，我们会利用农村得天独厚的资源开展活动，带孩子到田间地头去实践去认识，例如：我们乡是桃园之乡，我们会邀请家长和孩子一起去欣赏桃花、采摘桃子，帮助他们拔草体验劳动带来的快乐。到菜地农民爷爷会给我们讲种菜的过程。不仅转变了我们的办园理念和教育思想而且提高了我们的生源，我们的美术活动和环境创设会用树叶、玉米皮、花生壳等减少了开支，是名师工作室的光源照射我们成长。

（三）提升了桐柏文化资源课程开发的科研能力

随着课题研究的深入，教师课程观念得到转变，课程开发能力也得到提高。形成了新的研究子课题"红色文化渗透幼儿园社会领域的实践研究"获市级一等奖；"红色主题活动与幼儿良好品德培养的实践研究"获市级二等奖；

研究的子课题"家乡自然资源融入幼儿园课程的实践研究""家乡资源在幼儿园美术活动中的运用与实践研究"已结题。系列子课题的开展提高了教师的科研意识和能力。

课题研究中教师们首先，深化了对《纲要》《3—6岁儿童学习与发展指南》的更进一步的理解，加强了对课程知识、桐柏文化知识的了解，提高了理论基础；其次，课程实施近三年，教师通过研课、磨课和实践活动，在反复的实践中相互切磋研讨、思想碰撞、分析问题、建构策略，提高了自身专业性水平和课程开发能力；再次，教师与家长相互协调，共同承担课程实施任务，架起了家园共育的桥梁，形成良好的亲子关系和人文教育环境；最后，研究实施中教师通过行为观察分析幼儿的心理需求，对于幼儿的心理和行为有了更深的了解，教师根据观察分析调整预设的课程，教师的观察分析反思能力得到了提升，同时促进了教师理念和教育行为的转变。

思索篇：成效分析与未来展望

一、课题研究的主要结论

课题组经过近三年的不懈努力达成了共识与结论。基于桐柏文化的幼儿园课程资源开发研究突出了五个创新。

（一）资源选择的创新

课题组成员有一种吃苦耐劳的精神，敢于大胆尝试，勇于探索。经过不懈的努力，通过访谈了解更多资源，去寻找挖掘，例如：艺人茶艺师、竹编和革命老前辈，走出去请进来，把他们的技艺展现给孩子，有利于桐柏文化的传承。

（二）课程内容的创新

利用现代元素改编老游戏新玩法，老儿歌新改编，老教参新上法，如，创编顺口溜，改编趣味性强、简单易懂朗朗上口适合的儿歌、快板等。把幼儿的科学幻想转换成艺术形式来表现，改编大、中、小型活动和区域活动等，例如：生活文化模块中《好吃的凉粉》创编风趣幽默的顺口溜，"平氏凉粉：凉丝丝、滑溜溜的平氏绿豆粉，好吃不贵来一口。锅盔馍：白白胖胖像面包，外焦里嫩吃着香，沾上一口黄豆酱，再来一个赶紧抢"。提升幼儿经验，进一步增进爱家乡情感。

（三）教研模式的创新

循环往复，研课—磨课—研课—磨课，录像回放，分析幼儿行为背后的原因，孩子带来的结果再尝试，通过研磨再研磨形成适合幼儿的课程。

（四）活动组织形式的创新

幼儿故事会、幼儿诵读比赛、红歌亲子等加入活动与桐柏文化元素相关内容。

（五）跨区域引领的创新

在不同地区讲座和学术报告交流分享成果、精品案例送教下乡、网络同课异构。

二、研究中存在的问题

（1）随着课题研究实践的深入，我们也发现了研究中存在的问题，比如：本课题在研究设计时，侧重于实践思考，而对提炼理论性的梳理不够。

（2）有些教师功利思想很重，他们往往为完成幼儿园或上面下达的任务而使研究浮于表面。

（3）研究人员时间紧，任务重，身兼多职，在研究中教师与专家的互动理论引领不够，影响了课题研究理论的进一步提升。

三、未来的努力方向

（1）进一步加强理论学习研究与探讨，把每次的研磨活动开展，写出事实和观点，在园本课程实施中进一步修改完善。形成具有影响力的课程，反复实践确保课题的有效性。

（2）让教师在教学的过程中研究，在研究的状态下教学，使"教"与"研"共生互补，是本课题一直在努力关注而至今还没有得到很好解决的一个问题。

（3）继续拓展培育渠道，如通过幼儿园广泛宣传进行名师大讲堂，还可以对桐柏文化深入地解读，把接地气的课程融入日常教学的各个环节。

（4）把教学活动和家庭有机结合起来，在班级里以点带面，通过活动后的交流和反思，带动更多的幼儿和家长主动参与活动。同时，与举行的大型活动相结合，扩大影响力；家长密切配合，通过家长资源来影响孩子成长足迹，最终促进家园结合，全面提高幼儿的核心素养的发展。

我们深知要搞好课题研究工作，必须心灵慧眼，善于观察，精于总结。为此在前一阶段可喜变化的背后做好认真反思，许多问题需要我们在今后的教育科研中继续探讨。

经过近三年努力碰撞形成一部分成果——理论成果和实践成果，有待于进一步开发实施验证，桐柏文化传承课题虽然已经结题，我们将继续确保课题研究的完整性与最大价值的发挥。

我们将继续保持这种研究精神及氛围，在平时的教育生活中多观察、多记录，多发表文章，做到课题即生活，生活即课题，在课题中成长，在评审中展望，我们不曾停止前进的脚步！

参考文献

［1］中华人民共和国教育部.基础教育课程改革纲要（试行）［Z］.教基〔2001〕17号.

［2］朱家雄.幼儿园课程［M］.上海：华东师范大学出版社，2003.

［3］虞永平.文化、民间艺术与幼儿园课程［J］.学前教育研究，2004（1）.

［4］周爱萍.从乡土文化中采制幼儿园教育素材［J］.山东教育，2002（9）.

［5］王春燕.关于幼儿园主题教育活动的设计［J］.教育导刊·幼儿教育，2004（7）.

［6］邱向琴，孙嫣红.在幼儿园主题活动中融入地方文化的意义与方式［J］.学前教育研究，2010（6）.

［7］陈艳宇.幼儿园地方文化课程研究［D］.南京：南京师范大学，2007.

［8］朱峰，马利达.魅力桐柏文化［M］.北京：中国文联出版社，2006.

［9］左振明，李修对.桐柏革命故事［M］.郑州：中州古籍出版社，2018.

［10］何淑媛.基于客家文化的幼儿园课程资源开发利用的研究［D］.桂林：广西师范大学，2015.

［11］杨伟东.基础教育教学课题研究十八问（方法篇）［M］.郑州：大象出版社，2017.

［12］教育部基础教育司.幼儿园教育指导纲要（试行）解读［M］.南京：江苏教育出版社，2002.

［13］中华人民共和国教育部.3—6岁儿童学习与发展指南［M］.北京：首都师范大学出版社，2012.

［14］施月平.深挖地域文化内涵，彰显园本课程特色［J］.新课程研究·学前教育，2012（1）.

［15］吕秀丽.走进轻纺之乡　编织五彩世界——依托本土文化，建构园本课程［J］.中国教育技术装备，2012（7）.

［16］刘春蓉.侗族幼儿园本土艺术课程资源的开发利用研究［D］.长沙：湖南师范大学，2010.

［17］杨莉君，曹莉.幼儿园在开发利用地方民族文化资源过程中存在的问题及其解决策略——以沅陵县幼儿园对当地苗族文化课程资源的开发为例［J］.学前教育研究，2010（7）.

［18］陈泓瑛.幼儿园民族文化课程资源开发与利用研究［D］.长春：东北师范大学，2014.

［19］张涛.地方文化资源在幼儿园课程中开发与利用的建议［J］.基础教育研究，2012（24）.

［20］侯莉敏.幼儿园课程与教学理论［M］.北京：高等教育出版社，2016.

［21］何栋.广州市番禺区沙湾镇育才幼儿园《幼儿沙湾飘色》特色课程各年龄段目标［A］.2017.

［22］谢丽芳.薪火传承中的"蒲公英行动"——以美术教育促进民族地区学校多样性的传承［J］.中国美术，2014（5）.

家乡民俗文化在幼儿园大班主题活动中的实践研究

提出篇：研究背景与现实意义

一、课题提出的背景

（一）国家的重视

习近平总书记反复强调优秀传统文化的价值和开展优秀传统文化教育与普及的意义，随着"传统文化进校园"的提出，民俗文化的教育价值不断被挖掘，人们也越来越重视对这一教育资源的开发与利用。

2017年中共中央办公厅、国务院办公厅印发《关于实施中华优秀传统文化传承发展工程的意见》，明确提出非遗传承和传统文化传承要全方位、全学段、全过程融入从幼儿园到大学直至继续教育，并要"以幼儿园、小学、中学教材为重点，构建中华文化课程和教材体系"。可见，如何让非遗走进幼儿园，实现与幼儿园教育的有效融合，既紧迫又重要。

（二）幼儿教育的现状

随着社会的快速发展，城市化进程的加快，以及现代化科技社会的形成，我们生活的空间慢慢地被人为科技的成果及产品所包围。城市儿童被现代化的物质和玩具所俘虏，他们对最常见的风土人情一无所知，经常为独守电视和现成的玩具而感到百无聊赖，地方民俗文化资源慢慢地退出了孩子们的生活和视野。与此同时，审视当今的教育，我们发现人们对学校教育、家庭教育非常重视，但往往忽视了地方民俗文化的影响和它作为教育资源的丰富性。特别是改革开放以来，西方的各种教育理念和幼儿园课程模式涌入并影响我国，从而使幼儿园的课程模式呈现出多元化趋势，同时也出现了一些盲目的"西方崇拜"和"原样照搬"的极端化倾向，使得丰富的本土民俗文化资源被忽视，以致白白浪费。

（三）《纲要》的理论指导

《幼儿园教育指导纲要（试行）》总则中明确指出："教师要通过自身的努力，开发和综合利用农村得天独厚的丰富的社会和自然资源，创设农村幼儿教育所需的物质条件和人力条件……为幼儿提供感受和体验家乡文化的机会，从而培养幼儿对社会的认同感，加深对本土文化的尊重和热爱的情感，为传承优秀的民族文化传统奠定基础。"解读《纲要》，使我们进一步清醒地认识到：幼儿教育不等于幼儿园教育，必须树立大教育观，让教育跨越幼儿园的围墙。这一切让我们感到在幼儿园整合本土文化与家园社区资源，进行园本教育探索是十分必要和迫切的。

（四）幼儿园的有利条件

家乡是幼儿在其中生活、成长的地方，也是幼儿教育不可缺少的资源。我们的家乡具有深厚的文化底蕴，民间传统文化十分丰富，桐柏县被中国民协授予"中国盘古之乡"。盘古文化被列入省级非物质文化遗产，现有国家、省、市、县四级非遗项目102项，其中，国家级非遗项目盘古神话、皮影戏2个；省级项目桐柏山歌、渔鼓道情等4个；市级项目禹王锁蛟传说、桐柏麦秸画、桐柏三弦书等14个；县级项目82个，非遗项目众多，独具地方特色，在全市名列前茅。这些非遗项目集中体现了桐柏人民千百年来劳动创造的丰富成果和智慧结晶。

基于这样的背景和条件，我们选择了"家乡民俗文化在幼儿园大班主题活动中的实践研究"这一课题。我们试图通过本课题研究，结合丰富且鲜明的家乡传统民俗主题教育活动，将民俗文化渗透于集体活动、环境创设、区域创设等领域内容之中，使之生动化、具体化、多样化、情感化、游戏化、层次化，引领孩子们对家乡民俗活动认识的回归，让孩子喜爱上民俗活动，并能快乐地游走于民俗的活动之中。民俗教育不光是我们的，更是需要孩子们来感受、认知、传承与创新。

（五）课题研究的理论依据

1. 陶行知教育思想

（1）"生活教育"理论："生活即教育"，"社会即学校"，让幼儿在家乡这个天然的生活课堂中得到锻炼和成长，将教育生活化，生活教育化，使教学成为孩子的乐园，使教学充满创造的活力，使师幼成为创造的主人。"教学做合一"，民俗文化特色课程的实践，不片面强调幼儿对机械性知识技能的学习，而是根据孩子的需要，兴趣选择教学内容，把目标、内容编织成主题网络，然后再组织幼儿在厚实的民俗文化情境中去主动探索，积极求知、自主建构、自主创造。

（2）"六大解放"教育理念：人与环境的互动是幼儿全面发展的重要条件，民俗文化特色课程开发注重解放幼儿的手、脚、眼睛、鼻子、嘴巴、空间……让幼儿接触、感知、观察，注重通过对周围生活环境的认知激发对民俗文化的兴趣，培养幼儿爱家乡的情感。

2. 人类发展生态学理论

布朗芬布伦纳认为"真实的自然环境是影响儿童青少年发展的主要源泉"。他把人的行为和发展放置于一个相互联系、相互影响的稳定生态系统之中，探究生态系统中的各种生态因子对人的行为和发展的作用以及人与各种生态因子的相互作用。人类发展生态学理论给予本课题研究重要启示：首先，明确幼儿与幼儿园、家庭、社区等处于同一个人类发展生态系统中，把幼儿发展与地方民俗文化看作一个整体或系统来研究；其次，幼儿的发展取决于这个生态系统中各个生态因子的联系与互动，那么，幼儿从小生活在独特而浓厚的民俗文化氛围中，与地方民俗文化之间是互为依存，相互影响和制约的关系；再次，应发挥幼儿园、家庭、社区的重要作用，优化幼儿发展的生态系统。

3. 社会文化建构理论

维果茨基提出了社会文化建构理论，他认为"人的心理发展源泉与决定因素是历史过程中不断发展的文化，而'文化'则是人社会生活与社会活动的产物"。该理论揭示了幼儿心智、社会化等方面的发展与社会文化背景密不可分的关系。社会文化建构理论给予本研究重要启示：家乡民俗文化课程资源是历史、文化和社会生活的重要反映，幼儿在特定的民俗文化氛围中生活成长，将地方民俗文化纳入幼儿园课程，通过地方民俗文化与幼儿的交互作用，能更好地帮助幼儿适应所处的社会文化情境和外部世界，还能对幼儿认知发起挑战。

二、课题概念的界定

（一）对"幼儿园主题教育活动"阐述

主要是指围绕一个主题内容而开展的一系列教育教学活动，对环境创设、区域活动、集体教学活动和非集体教学活动等内容的统称。融合家乡民俗活动的主题教育活动，主要以民俗传统经典文化为载体，与具有民族特色的民俗内容相融合，引领幼儿在丰富多样的民俗活动中感受、传承、创新与探索。

（二）对"民俗"的阐述

民俗，即民间风俗，指一个国家或民族中广大民众所创造、享用和传承的生活文化。它起源于人类社会群体生活的需要，在特定的民族、时代和地域中不断形成、扩大和演变，为民众的日常生活服务。它是人民传承文化中最贴切身心和生活的一种文化。民俗包含以下几大部分：生产劳动民俗、日常生活民俗、社会组织民俗、岁时节日民俗、人生仪礼、游艺民俗、民间观念、民间文学。

幼儿园主题教育活动充分考虑到幼儿的学习特点和认知规律，注重综合性、趣味性、活动性，寓教育于生活游戏、教育教学、环境创设、区域游戏中，因此，把丰富的家乡传统民俗活动通过整合、创新、分层，以主题教育活动的形式进行实践，开展有益于幼儿接受和感知民俗活动的多面性，利于幼儿继承和弘扬民族传统精神，锻炼和培养幼儿的创新能力，培养民族情感，促进幼儿素质全面发展。

三、相关研究文献综述

当快乐的民族歌谣、民间传说、民间小故事还在我们耳边萦绕时，我们发现中国传统民俗内容的丰富有趣、源远流长，相关的研究也非常之多，专门成立的各种各样的民俗学会也为中国传统的民俗研究提供很好的交流平台，而对于幼教工作者来说，对家乡民俗的了解与研究却很匮乏，更多的是借助于已有的传统儿歌、童谣、故事等内容进行随机性的传授教育，真正适合幼儿阶段采用和开展的活动形式、内容、题材非常有限，通过查阅发现，目前有关民俗内容的手工制作类、歌曲童谣传唱的书籍资料还有一些，有关幼儿民俗文化主题活动研究的内容很少，因此，我们通过此项研究，通过改良、创造、实践让孩子们感受到更切合幼儿需要、感兴趣的活动内容，在主题教育的形式下，让民俗活动更多面地被幼儿所感知，让家乡传统民俗活动走进幼儿园，走入幼儿身边，并积极结合家乡民俗实践活动，把我园自主挖掘创新生成的幼儿传统民俗活动推向深入。

四、课题研究的意义

（一）理论意义

本研究主要依据《纲要》《指南》，在前人研究的基础上，分别选择最具代表性的民俗文化为切入点，民间民俗主题活动（家乡的粽香、家乡的皮影戏、家乡年家乡味、多彩的民间艺术），从传承家乡民俗文化和促进幼儿发展的角度出发，围绕家乡民俗文化在幼儿园大班主题活动中的实践研究相关问题，进行研究，探索民俗文化实践研究机制，在一定程度上为完善幼儿园课程的建设、构建园本课程体系奠定了基础。

（二）实践意义

（1）加强幼儿教育与生活、幼儿园与社会的联系。陶行知先生的"生活教育"理论，指出现实生活的教育意义。他认为生活应是教育的根本和中心，书本教育应与生活实践一致。"生活教育"理论表明家乡民俗文化的传承与幼儿价值的关系，缓解了园内生活与园外生活的对立、现实生活与未来生活的对立的重大意义。

（2）发掘教师潜力，可以提高教师的教科研能力与业务素质，激发教师工作的积极性与创造性，丰富教师的职业体验。

（3）可以使幼儿熟悉传承家乡民俗文化，提升幼儿人文素养，从小培养幼儿爱国爱乡爱家的积极情感。而且可以最大限度地拓展幼儿的生活与学习空间，有利于促进幼儿综合素质的整体提升。

（4）幼儿的身心发展规律和年龄特点决定了其获得知识和经验的方式的多样化。直接感知、实际操作、亲身体验。家乡民俗文化在幼儿园大班主题活动的实践研究为幼儿通过多种方式获得知识与经验提供了可能。

（5）家乡民俗文化在幼儿园大班主题活动的实践研究有利于改善课程资源单一现象，使课程资源多元化。目前城乡地区的幼儿园课程仅限于"教材"，教师根据指导用书上课现象普遍。陈鹤琴指出"大自然、大社会都是活教材"；同时基于家乡民俗文化实践研究对地域文化的保护和传承有着积极的意义；对健全儿童完善的人格和体魄、形成文化自觉意识、积极的自我认同感和归属感有着巨大的价值。

实施篇：研究设计与实践推进

一、课题研究的设计

（一）研究的主要目标

本幼儿园围绕立足于家乡民俗文化主题活动这条主线，进行探索。但是如何从实践层面推进家乡民俗文化在幼儿园大班主题活动中的实践，这一问题不但实践者有很直接的借鉴价值而且能丰富相关理论。

（1）通过家乡民俗文化主题活动的开展，让幼儿认识更多有关家乡传统民俗活动的知识内容，对不同民俗的特色活动有更多的了解与喜爱。通过了解传统民俗活动，设计并实践幼儿民俗教育的内容，拓宽和挖掘幼儿园主题活动资源。

（2）通过家乡民俗活动的特色环境创设与多重挖掘，让幼儿园的环境创设更趋独特性与民俗整体协调性。让孩子和教师对家乡民俗活动的认识与感受有更多层面的了解与掌握。

（3）在开展家乡民俗活动的基础上进行教育，帮助和影响幼儿认识。创设轻松、浓厚的民俗环境氛围，激发幼儿主动参与家乡民俗活动的兴趣。

（4）在研究过程中不断提高教师素质，切实转变教学观念，达到传承性教育向创新性教育转变的目的。通过教师教学的实施，促进教师有关民俗教育手段的提高与教学方式的多重探索，逐步学会积累、设计、实践、反思相关民俗教育活动内容。

（5）借助家乡民俗文化主题教育活动的创设与开展，寻找更适合幼儿认识与开展的带有民俗特点教育教学活动，让孩子们知道家乡民俗文化就在自己的身边，与自己的生活息息相关。

（6）让家乡民俗活动走进社区，走向社会，影响更多的人走进民俗活动中。

（7）通过家乡传统民俗活动初步形成园本特色的民俗教育课程内容，并尝试进行对外交流。

（二）研究的主要内容

（1）围绕民俗活动而开展的集体教学活动研究：探索和挖掘家乡民俗传统节日的集体教学活动的设计以及教学评价。探索开展幼儿园民俗主题活动的教学方式，编制大班幼儿园主题教育的系列活动方案，形成园本特色的幼儿民俗教育内容。

（2）相关民俗主题环境创设内容研究：建立在传统节日概念基础上来挖掘适合幼儿园运用和创设的民俗环境。

（3）家乡民俗主题区域创设内容研究：引导幼儿预设和生成带有民俗特色的幼儿园主题区域活动的活动内容。

（4）挖掘家乡民俗活动主题教育活动的相关材料：具有民俗特征的环境创设材料的挖掘与制作。积累和收集整理民俗主题环境创设与教育的活动素材，为幼儿园的民俗主题环境创设提供更多参考内容。

（5）围绕家乡有代表性的民俗文化传统节日所特有的民俗活动挖掘主题教育教学活动，通过多种活动形式，多个活动内容让幼儿感受和感知家乡民俗的丰富有趣。

（三）研究的主要方法

本研究主要采用问卷法、行动研究法和案例记录法。

问卷调查法：在活动开展前期对幼儿、家长、教师进行有关家乡民俗问题问卷的调查与统计，整理出对家乡传统民俗的认识与了解程度，为开展幼儿民俗活动提供参考依据。

行动研究法：通过全体教师的实践开展的基础上收集和整理素材，对幼儿的参与表现及活动开展效果进行评价与分析，及时调整活动内容，通过多次实践分析反思形成一系列的比较有价值的家乡民俗主题教育活动的内容。

案例记录法：对每个家乡民俗与主题教育的活动内容以案例的形式记录下来，通过分析交流逐步调整相关活动内容，形成较有价值的案例成果。

二、课题研究的实施

课题研究为一年时间（2020年6月—2021年6月），研究对象为幼儿园大班幼儿。本课题研究按照课题研究计划和实际研究进程，本课题研究经历了准备、实施和总结三个阶段。

（一）课题准备阶段（2020年6—10月）

1. 组织学习

课题主持人组织成员多形式学习《幼儿园教育指导纲要（试行）》《3—6岁儿童学习与发展指南》《基础教育教学课题研究十八问（方法篇）》了解如何做好开题工作。学习家乡民俗文化相关知识。带领课题组成员在项目课题群CCtalk平台参与网络学习。

2. 人员分工

课题项目主持人李道玲：负责本课题设计并制定研究方案，起草课题研究实施细则；撰写开题报告，中期报告和结题报告，组织开题和中期研究成果汇报会议及研究工作安排；负责本课题论证及日常指导工作；指导组织撰写阶段性论文并发表。

燕云霄：协助组长在课题实施中负责具体计划活动的安排与组织实施；负责纸质材料的收集、整理、归档工作和调查访谈工作的实施。

龚琳凌：负责课题电子材料的收集、整理、汇总归档以及文字录入、摄像拍照工作，负责课题组会议具体筹划工作。

刘桐言：负责设计主题活动思维导图、文本资料的搜集、审核，会议记录和简报的发布工作。

王　萍：负责课题研究中的研讨学习计划规章制度的制定，课题过程材料的收集、归类、档案管理工作。

周国智：负责主题教育活动教案的修改、调查访谈问卷的设计、发放、收集、数据分析整理工作，课堂观察撰写研究论文。

3. 参加培训

参与课题知识培训，提升研究水平。课题组成员积极参加县教研室组织的名师大讲堂课题培训会议，加强科研理论知识的学习，提升课题研究水平。

4. 制定方案

确定研究课题，拟定研究方案。通过上网搜索和查阅资料了解国内外同一研究领域现状，并对其分析研究，从而制定出我们的研究目标和方向。

5. 开题报告

本课题于2020年6月立项之后，课题组立即着手准备课题的开题工作，2020年的10月12日上午，"家乡民俗文化在幼儿园大班主题活动中的实践研究"开题会，在幼儿园五楼会议室举行。课题主持人李道玲老师作了开题报告，教研室主任李剑开，基教科科长来光荣，基教科专干学前教育专家万淑玲对开题报告进行了评议，在充分肯定课题的同时指出了课题改进的建议，当日下午组织了课题组成员围绕本课题研究进行了研讨交流。

6. 资源共享

为了更好开展课题研究，课题组借助中原名师李道玲的知名度和影响力，开通了李道玲名师工作室新浪博客、建立学前教育微信交流群和钉钉群、李道玲工作室学术交流微信群和中原名师李道玲工作室公众号等交流平台，实现资源共享。

（二）课题实施阶段（2020年11月—2021年4月）

1. 研究前期对于家长问卷调查

查阅资料，对家乡民俗文化进行系统的了解，编制问卷调查表，对幼儿家长进行问卷调查并分析。在项目开展前期我们进行了问卷调查。问卷内容是关于我园幼儿家长对于家乡民俗文化的了解程度，以及家长对于家乡民俗文化在幼儿园活动开展的看法及建议。

家长方面的看法及建议： 通过问卷调查大部分家长认为我们家乡有大量的民俗文化可以利用，比如皮影戏、山歌、虎头鞋、舞龙舞狮等。家长获取家乡民俗文化知识的途径大都通过网络、电视、书籍报刊以及县组织的文化宣传学习等。对于幼儿园在开展家乡民俗文化主题活动这一课题，很多家长是表示支持的态度，幼儿在耳濡目染和亲身体验中了解家乡优秀的民俗文化，这对于家乡文化的传承以及激发幼儿爱家乡的情感具有很大的意义。此外家长建议幼儿园多开展社会实践活动，开阔孩子们的视野，在组织活动的时候需要每一位参与的家长做好知识的储备，做到不仅仅是玩乐，更重要的是幼儿要了解关于家乡民俗文化的有关的知识，在体验中学习避免形式大于内容。做到有效利用家长资源。

2. 研究后期对于家长教师访谈

在项目开展后期，课题组对部分家长和教师进行了访谈，访谈内容是关于在开展民俗文化主题活动中是通过什么途径了解的？实践的过程中你参与了哪些活动？怎样向社会广泛宣传，家长、孩子和教师的收获及建议？

（1）在家乡民俗文化主题活动中有80％的家长是通过网络、书籍了解家乡民俗文化的，有60％的家长通过幼儿园组织的教学活动、民俗运动会、亲子活动等途径了解，有30％的家长是能够通过庙会、民俗交流会等社会活动了解的。

（2）家乡民俗文化主题活动的实践过程中有100％的家长参加过家乡民俗节日活动，有50％的家长参加了幼儿园组织的家乡民俗文化的课堂活动、游戏活动和亲子实践活动，也有15％的家长参加过社会上组织民俗交流活动、民俗文化节等。

（3）在宣传推广民俗文化调查中我们发现有80％通过微信、抖音平台，发朋友圈、发小视频等途径让身边的亲戚、朋友一起来了解我们的民俗文化。也有20%通过走亲访友时口口相传，给亲朋好友送上我们家乡传统美食，讲我们家乡的盘古神话故事等来宣传家乡民俗文化。

（4）在家乡民俗文化主题活动的实践过程中有100%的家长认为不仅增进了亲子感情，丰富了知识、增长了见识，而且有推广和学习的价值，应该让更多的人了解和喜爱我们的民俗文化。也有50%的家长认为开展这些活动以后大大激发了孩子参与活动的积极性，萌发了孩子热爱家乡及家乡民俗文化的热情。有30%的家长认为民俗文化的魅力对提升幼儿艺术修养及自身素质很有帮助。

在开展家乡民俗文化主题活动有60%的家长建议幼儿园应多举办此类活动，而且内容丰富，形式多样。40%的家长建议让社会多重视学前教育中的民俗文化课程，无论是社会资源还是经费等方面给予支持。也有70%的家长建议幼儿园多向社会宣传，鼓励全民共同参与，大力弘扬家乡民俗文化。

通过访谈，家长和老师们都认识到家乡民俗文化是先辈们为我们传承下来的珍贵文化遗产，此灿烂的传统民俗文化应得到重视和保护，并且在我们这一辈发扬光大。在幼儿园进行民俗文化教育受到了越来越多家长的重视和支持，对我们进行此类活动给予了很高的评价和高度的配合。一致认为对孩子的素质教育及各领域的发展都有着重大的价值和意义。

3. 对教师的培训提升

（1）课题主持人组织课题组成员学习《基础教育教学课题研究十八问（方法篇）》和有关课题讲座，组织成员反复学习中国教科院研究员教育学博士杨润勇的"教科研有效策略与方法"视频讲座汲取营养。

（2）邀请传统文化传人开展学术沙龙活动，访问文化中心工作人员了解家乡民俗文化。

（3）主持人先后到郑州、浙江、北京等地学习并与专家交流课题，并组织成员学习与分享。

（4）邀请了河南省教科所徐万山教授指导本课题研究并进行理论培训。

（5）课题组收集并学习了与本课题核心概念有关的文献资料，搜集家乡民俗文化资源，筛选有趣且符合幼儿年龄特点的内容开展深入层次的学习活动。

4. 明确家乡民俗文化的内涵与主题活动的思路

（1）家乡民俗文化内涵

民俗，即民间风俗，指一个国家或民族中广大民众所创造、享用和传承的生活文化。它起源于人类社会群体生活的需要，在特定的民族、时代和地域中不断形成、扩大和演变，为民众的日常生活服务。它是人民传承文化中最贴切身心和生活的一种文化。民俗包含以下几大部分：生产劳动民俗、日常生活民俗、社会组织民俗、岁时节日民俗、人生仪礼、游艺民俗、民间观念、民间文学。

（2）主题活动的思路

通过问卷访谈家长、民俗文化传人以及查阅资料，我们对家乡民俗文化有了一定程度的了解，同时根据《3—6岁儿童学习与发展指南》、幼儿的年龄特点以及学习规律筛选适合大班开展的主题活动内容，使课程以适当的方式展现出来。

5. 对于主题活动课程的设计及组织实施

围绕"家乡民俗文化在幼儿园大班主题活动中的实践研究"设计主题活动，并制定方案。

（1）以"家乡民俗文化"为主题的环境创设：利用家乡民俗文化进行春夏主题以及元旦、端午节环境创设。

室外环境：家乡特产、家乡的皮影戏、家乡民俗风情一角、家乡的农耕。

区域活动：小小茶馆、戏曲表演区、舞龙舞狮民俗区。

室内环境："美丽家乡""家乡的春节""家乡茶文化""家乡的特产""家乡的布艺"等主题墙环创。

通过环境的创设和利用，有效地促进幼儿的发展，让环境与幼儿真正"对话"。幼儿参与教室环境建设，使环境与幼儿、老师与幼儿、幼儿与幼儿之间产生互动作用，形成幼儿和谐的生活空间，促进幼儿的健康发展。

（2）采集桐柏山野果；品尝家乡桐柏的特色美食（桐柏豆筋、家乡的美味糕点）；参观水帘寺；亲近自然品味茶香——亲子采茶活动等。

（3）多种形式进行课程组织实施：课题组根据研究的可操作性确定大班

幼儿为研究对象，设计课程方案围绕四个主题"家乡的皮影戏""家乡的粽香""多彩的民间艺术""家乡年家乡味"，进行设计主题活动，并制定方案。

依据相关教育内容，各领域相互渗透，开展形式多样的教学活动及丰富多彩的主题教育活动。充分利用家长、社区资源开展相关社会实践活动。

（4）邀请传统文化传人（皮影戏、虎头鞋、剪纸、山歌等）以及对家乡民俗文化比较了解的家长参与课程设计。

（5）课题组成员编写家乡民俗文化融入幼儿园课程的实践方案并进行实践。

（6）课题组成员利用周末收集有教育价值的家乡民俗文化资源材料，进行环境创设，取得了非常好的效果。

（7）积极参与园组织的优质课竞赛活动，老师们能充分利用家乡民俗文化设计活动。课题组成员有7节家乡民俗文化融入幼儿园课程均获得市、县和园优质课证书。

本研究以《指南》目标为标准筛选家乡民俗文化，具体以教学实践、问题讨论、案例分析、自我反思、经验交流进行课题研讨与实施，总结经验完善课程设计，经过多次实施研讨确定可行的课程方案。

（8）课题中期汇报专家引领见成效

2021年4月12日，主持人李道玲老师在桐柏县幼儿园五楼会议室举行了中期汇报，李剑开（县教研室主任高级教师）、来光荣（县基教科科长高级教师）、万淑玲（县基教科专干学前教育专家）担评议专家，园有关领导、幼儿园班主任和配班教师参加此次会议。

李道玲老师先就课题开题以来的工作进展情况进行了梳理，并从课题的研究步骤、目标、方法与策略，已取得的阶段性成果，课题研究的主要创新点，存在的问题与对策，下一步研究的工作重点，可预期成果等几个方面进行详细阐述。

专家们在听取研究工作情况汇报后，对于课题研究的指导意见，拓展了课题研究的视野，对于接下来进一步补充与完善课题研究内容，提供了真知灼见，给课题组老师的后续研究提供了更广泛的思路。这些将成为课题研究下一阶段的工作重点。整个活动，营造了良好的学术交流氛围，使得我们的课题研究朝着科学性、实用性的道路上坚实迈进。

研究过程中，课题组举行了10余次课题研讨会，组织了4次课题沙龙会，编发了30余次课题简报。

（三）课题总结阶段（2021年5—6月）

（1）课题组成员撰写与课题相关的经验论文9篇在CN刊物发表，编辑了大班民俗文化主题活动方案集，主题教学实践案例分析集，丰富家乡园本文化课程资源库的建设。

（2）召开经验交流会，成果交流，2021年5月30日上午，课题组在幼儿园五楼会议室召开了课题研究总结会，课题主持人李道玲老师汇报了课题自2020年5月至今的计划执行情况和取得的研究成果，并介绍了本课题后续的研究计划。

（3）撰写研究报告，申请结题鉴定，成果推广。

收获篇：研究成果及社会影响

一、课题研究的主要成果

（一）民俗文化教学实践的原则

家乡民俗文化教学实践活动融入幼儿园，合理地筛选课程资源是基础，为确保课程资源的应用价值，我们课题实施的过程中突显以下原则：

（1）理论与实际相结合原则。在进行研究时坚持理念与实际相结合的原则，遵循陶行知先生的"生活教育"理念。

（2）开放性原则。在研究过程中允许激励教师有不同意见，创设条件引领教师大胆的想象和不断的尝试，注重自我反思、同伴互助和专业研究人员的专业引领，注重园际间的合作与交流。

（3）多样性原则。以幼儿的实际需求为出发点，多种形式、多种途径、多种模式地进行家乡民俗文化融入课程实践的研究，有针对性地解决教育教学过程中的问题。

（4）促进性原则。开展家乡民俗文化的幼儿园教学实践研究，促进幼儿全面和谐发展，提高教师业务水平，实现幼儿园跨越式发展。

（5）创新性原则。在本课题研究中创新体现新内容、新途径、新方法。新内容即挖掘以前未被实践和利用的内容资源；新途径即建构课题的课程研究模式；新方法即老资源新利用，老游戏新玩法。

（二）民俗文化主题活动内容——四个主题

确定研究对象，筛选适合幼儿的学习内容，设计主题活动。

家乡桐柏具有深厚的文化底蕴，民间民俗文化十分丰富，对于桐柏皮影、桐柏山歌、渔鼓等民间民俗优秀文化的传承。桐柏县被中国民协授予"中国盘古之乡"。盘古文化被列入省级非物质文化遗产，已申报国家级非物质文化遗产。桐柏皮影戏等6个民间文化文艺项目被列入市级非物质文化遗产。桐柏皮影在2006年全省民间文艺大赛中获金奖。独特的优势塑造了淮源独特的文化魅力。

课题组通过深入县城及乡镇实地调查、查阅相关文献资料及儿时亲身经历，结合幼儿园教学实践的理论，以家乡民俗文化为起点，经过筛选，设计了四个主题："多彩的民间文化""家乡的皮影戏""家乡的粽香""家乡年家乡味"主题，确定了大班为实验班，同时制定了实施计划和四个主题网络板块，根据幼儿的年龄特点，学习规律纳入幼儿园五大领域课程中。

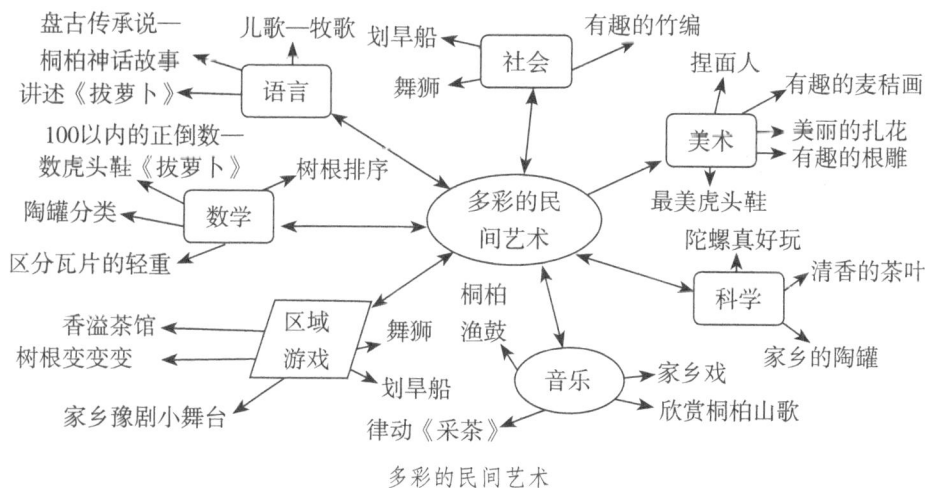

多彩的民间艺术

家乡皮影戏

兴趣　提升

有趣的皮影　　奇妙的皮影

好玩的皮影

体验

特色活动
走进家乡皮影戏艺术馆
家长助教：家乡皮影戏

集体教学活动
科学：有趣的影子戏
社会：皮影艺人访谈
语言：观看皮影戏
健康：有趣的关节
综合：走进皮影馆

游戏活动
益智区：活动的皮影小人
游戏：踩影子

集体教学活动
科学：影子小游戏
健康：会动的皮影人
社会：小小灯光师
美术：皮影小人偶
音乐欣赏：《俏夕阳》
语言：创编故事孙悟空战胜病毒

游戏活动
角色表演区：皮影戏小达人

集体教学活动
艺术：家乡皮影小制作
美术欣赏：好玩的皮影戏
社会：家乡的皮影
观看视频：喜欢皮影戏的桐柏人
综合：我们的皮影戏

混龄游戏
家乡美之皮影戏小舞台
节目活动：快乐的皮影人

游戏活动
科学区：影子小游戏

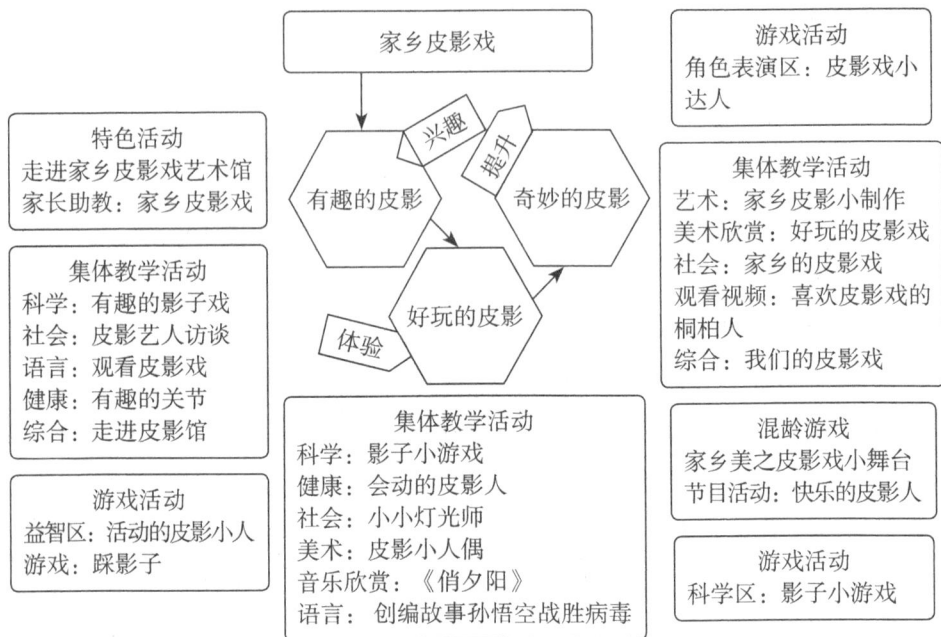

家乡的皮影戏

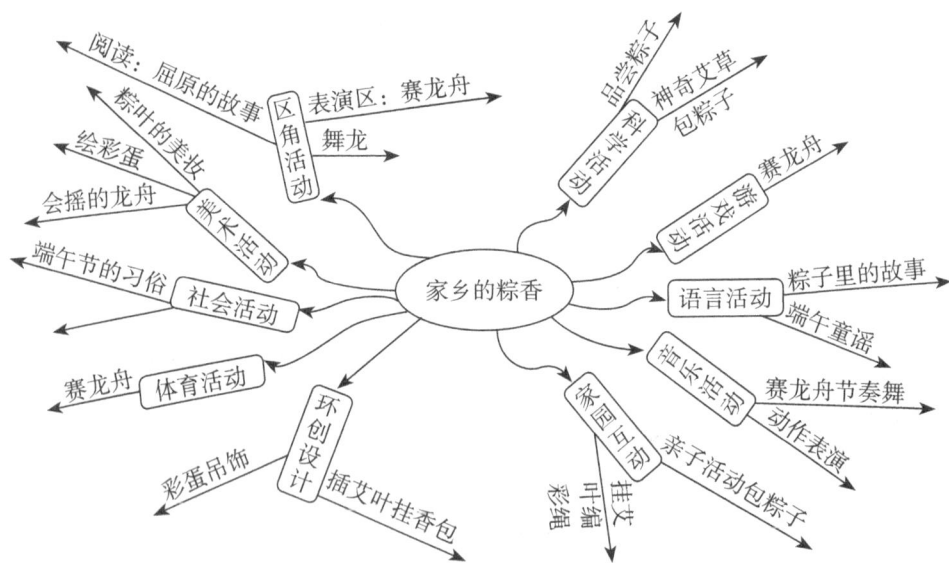

阅读：屈原的故事
表演区：赛龙舟
舞龙
角色区活动

粽叶的美妆
绘彩蛋
会摇的龙舟
美术活动

端午节的习俗　社会活动

赛龙舟　体育活动

家乡的粽香

品尝粽子
神奇艾草
包粽子
科学活动

赛龙舟
游戏活动

语言活动　粽子里的故事
端午童谣

音乐活动　赛龙舟节奏舞
动作表演

家园互动　亲子活动包粽子
挂艾
叶编彩绳

环创设计　插艾叶挂香包
彩蛋吊饰

家乡的粽香

- 环创
  - 新年树——贺卡——灯笼——班级环境
  - 走廊自制灯笼——外部环境
- 社会
  - 汤圆——菱角——饺子——春节美食
  - 年画和春联
  - 年的由来
  - 家乡年
- 游戏
  - 放鞭炮
  - 套圈
  - 舞龙
- 数学
  - 漂漂亮亮迎新年
  - 我的新年礼物（分类）
  - 挂灯笼（按群计数）

家乡年家乡味

- 综合活动
  - 我们去拜年
  - 中国传统节日腊八节
  - 花样馍
- 音乐
  - 唱歌：12生肖歌
  - 秧歌舞：欢欢喜喜过大年
  - 打击乐：新年好
  - 山歌：家乡年
- 美术
  - 剪纸：剪窗花
  - 手工：新年就要不"衣"样
  - 绘画：百米长卷绘民俗
  - 手工：福袋
  - 装饰画：小花袄
  - 泥工：好吃的新年糕点
- 语言
  - 故事：年的故事
  - 儿歌：过新年
  - 讲述：热闹的春节
  - 新年送祝福
  - 家乡的顺口溜

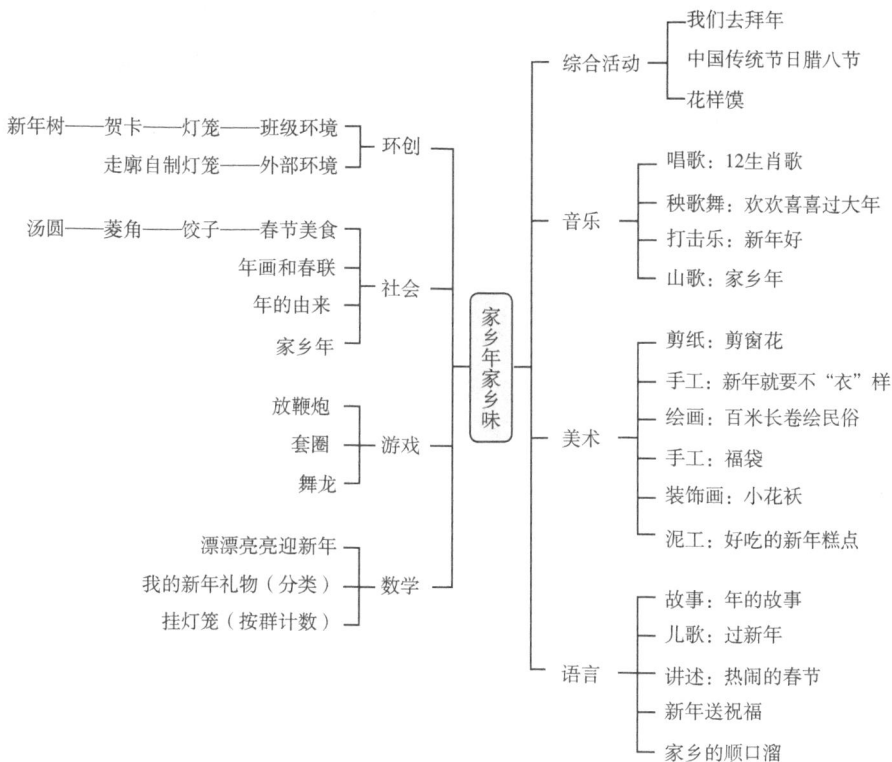

家乡年家乡味主题

（三）家乡民俗文化教学实践的有效载体——大班主题活动

家乡民俗文化课程资源种类众多，不仅有丰厚的自然资源、独特饮食文化资源，还有源远流长的民间故事、民间传统习俗、民间美术工艺、民间音乐游戏、民间体育游戏等文化课程资源。课程组面对如此多姿多彩的地方文化课程资源，在现有发展水平基础之上，通过实践活动，将丰富的地方文化融入幼儿园课程，满足了幼儿的不同发展需求，同时进行深入研究：家乡文化课程资源与幼儿园原有课程之间是水乳交融，共生共荣的关系，两者并不冲突、排斥，家乡文化课程资源是对原有课程内容和活动类型的补充和丰富，原有课程也需要地方文化课程资源注入新鲜血液，课题组取其精华所筛选出具有较高幼儿教育价值的，能够符合幼儿身心发展水平、特点，能够丰富幼儿生活经验，体现当今社会多元文化的需求的内容，将地方文化转化为幼儿"自己的文化"。

确定主题是整合性课程资源开发利用的第一步，也是最重要的环节，它犹如人体骨骼、主题确定后才能使主题活动羽翼丰满。主题的确定考虑到幼儿的生活经验，认知水平和长远发展，同时对应和覆盖幼儿教育目标的要求，课程依据所收集的家乡地方文化课程资源以及幼儿园实际情况，从主题名称的目标内容拟定了大班四个主题活动，我们课题组将丰富多彩的家乡文化教育资源渗透到幼儿园的主题活动中来，开展主题教育活动，注重幼儿主题活动与家乡民俗文化融入实践探索，不断凸显我园的园本特色，主题课程更加灵活、生动。

大班主题活动方案

（四）家乡民俗文化实践活动的环境创设

主持人李道玲老师在一篇经验论文中关于民俗文化传承的幼儿园环境创设这样阐述：教育学家指出，良好的环境对于孩子的智力开发、个性陶冶和情感激励所产生的作用是巨大的，是教育过程中其他因素不可替代的。环境的创设过程也是孩子学习认知的过程，课题组充分拓展环境的主题内容、创作形式，以及后续的教育内涵，从而促进孩子与环境的互动。我们从物质环境和精神环境创设入手，让幼儿在参与环境创设，在与环境的积极对话过程中，加深对地方民俗文化的体验，萌发爱家乡的情感。

1. 物质环境创设

幼儿园的整体环境充分体现了环境为课程服务，环境追随幼儿发展的教育理念。我们教师在布置环境中考虑，幼儿是环境创设的主角，内容是幼儿感兴趣，内容与幼儿当前的教育活动紧密结合，满足幼儿获取经验的需要，始终有幼儿参与，特别是主题墙的创设，注重幼儿参与环境创设过程的体验。在课题组的带动下形成班班有主题，楼楼有特色的民俗文化主题创设。例如："家乡的饮食""家乡的风光""家乡的年味"等，用民间布艺、虎头鞋、肚兜、香袋、农耕等材料装饰成为环境中亮丽的风景线；更映入眼帘的是幼儿园大厅、长廊、楼梯的把子上都挂着醒目的大字家乡美、家乡特产、家乡的皮影戏等，展现在幼儿园的走廊、转台、大厅等位置，时时刻刻对幼儿进行着家乡民俗文化的熏陶。利用传统节日打造传统文化教育环境，推动传统文化教育，让幼儿在与环境的互动中，感受和体验中华民族特有的形式美、意境美、节奏美和动态美，用传统文化浸润幼儿童年，这也正是文化自信和文化传承的体现。主题墙饰创设活动，将幼儿园的园本课程研究工作又推上一个新台阶，将家乡民俗文化渗透到幼儿园的教育活动中，不仅能充分调动起幼儿的探索兴趣，激发孩子对美好事物的向往，同时还培养幼儿爱家乡的情感。

区域活动促进幼儿主动发展，心理学家埃里克森指出：促进幼儿自主性和主动性的发展，是早期教育的基本任务。幼儿天生就具有好奇、冒险的本能，具有探索、探究的欲望，区域活动为幼儿营造了宽松、自由、和谐的环境氛围，激发了幼儿的兴趣。因此，我们依据家乡民俗文化资源创设开展了具有乡土气息丰富多彩的区域活动。例如："桐柏茶庄""家乡戏曲小舞台""民间游戏""民俗文化表演区""皮影戏小舞台""家乡乡土资源美术功能室"的区域等。

2. 精神环境创设

（1）民俗文化萌发幼儿爱家乡的情感。"家乡民俗文化"实践活动重点是增进幼儿的社会认知，激发社会情感，习得良好的品质。因此，在课程实施中我们以感受体验，潜移默化地浸润幼儿心灵为主旋律。

①着眼生活中珍贵的艺术素材。艺术与生活方式有着密切的互为关系，它提供了人日常生活的物质基础和条件，生活中的衣食住行乃至整个生活环境都充满珍贵的艺术特点，为此，我们收集家乡民俗文化中的艺术素材，开展幼儿园实践活动。"多彩的民间艺术"主题中舞狮舞龙、虎头鞋、扎花艺术、根雕艺术以及皮影艺术等都是生活中最为经典的艺术素材。

②艺术大师互动体验更真实深刻。艺术大师本就是一道家乡文化的风景，邀请艺术大师走进幼儿园与孩子们互动、交流、亲自体验、共同表演，激发孩子学习的欲望，无疑是一件非常有意义的事情。艺术大师向幼儿传授民间艺术技艺的相关技巧，有利于民间文化的传承与发扬。如虎头鞋传承人侯秀梅奶奶、皮影戏表演大师彭大义爷爷，根雕艺术大师谌叔叔，这些民间艺术与孩子生长的环境息息相关，是我们家乡最宝贵的艺术，幼儿在艺术大师的指导下、在艺术作品的熏陶下体验美、感受美并创造美。

③辐射引领才能实现课程本身应有的价值。通过开放式活动向全县幼教同行展示，依据家乡民俗文化设计的教学活动，孩子们感到无比的自豪，感受到家乡民俗文化的丰富与多彩。同时引领教师向课程生活化，课程游戏化迈进，让教育回归生活，把游戏还给幼儿。

（2）实践活动开启幼儿探索发现之旅。让教育回归真实的生活，让幼儿回归大自然，这是幼儿教育的新理念，也是我们努力追求的课程发展方向。大自然是一部真实、丰富的百科全书，蕴藏着巨大的教育财富，为幼儿获得对世界的感性认识提供了天然的场所，这对于擅长在生活中探究学习的幼儿来说，也是非常难得的学习和生活经历。如开展"亲近自然品味茶香"亲子实践活动。我们邀请了茶农伯伯与孩子们互动，现场指导，使孩子们在大自然大社会中体验"一芽一叶"采茶的快乐，了解采茶、晾茶、炒茶、制茶、品茶的过程，知道传统的炒茶和机械化的炒茶不同，增加亲子间的情感。使孩子们从小对家乡民间文化有深刻的印象和深刻的情感。

（3）主题活动，促进了幼儿的各项能力的均衡发展。桐柏物华天宝，人杰地灵，为了让家乡民俗文化走进幼小的心灵，我们开展了一系列的大型主题活动，如在"融家乡文化、展运动风采"幼儿运动会中，将民俗与运动项目相结合，设计了"桐柏小英雄""采茶""抬花轿""划旱船"等竞赛游戏，使幼儿掌握走、跑、跳、平衡等基本的运动技能和方法，发展幼儿身体的协调性和灵活性，增强幼儿的体质，提高幼儿团结协作的能力。

在"幼儿颂祖国赞家乡"诵读比赛中，培养幼儿的语言表达能力，增强孩子的自信心。

在区域主题活动中，幼儿模仿小小主持人，我是小导游，讲解我们家乡的民俗文化，例如：剪纸麦秸画、桐柏渔鼓、布艺虎头鞋、平氏背装、桐柏盘古神话、桐柏山歌、淮源大鼓、桐桔梗、桐柏三弦书、桐柏皮影戏、桐柏茶叶等等。幼儿可以在区域主题中，自编自演，尽情发挥，不仅陶冶了情操，锻炼了幼儿的语言表达能力、动手操作能力和与同伴合作能力。

（五）家乡民俗文化实践活动中家长和社区作用的发挥

著名教育家陈鹤琴先生明确主张把大自然、大社会作为出发点，使幼儿在与自然、社会的直接接触中，在亲身实践中获取经验和知识。他特别强调在教学过程中应当"活"，那就要带孩子到活的大自然、大社会中去。由此可知，大自然、大社会应当成为幼儿学习的第二课堂，社会实践活动无疑是实现幼儿到大自然、大社会中进行探究学习的有效途径。为此，我们结合《3—6岁儿童学习与发展指南》精神，充分调动幼儿与家长参与户外活动的积极性，紧密家园沟通与合作，践行活动为载体，通过家委会的形式，以幼儿发展为本，尊重幼儿需求，把优秀的家乡民俗文化融入亲子社会实践活动中，通过与大自然的亲密接触，参与周边社会生活，萌发幼儿爱家乡的情感。

（1）"爱相伴共采摘　唱山歌赞家乡"亲子活动

教师利用家委会资源密切配合，组织丰富多彩而有意义的社会实践活动，我们带着孩子们走出园所。了解家乡的民俗，组织了与众不同的特色主题活动，如："爱相伴共采摘　唱山歌赞家乡"亲子活动。家乡的山歌唱起来，鸣鸣的妈妈既是家长又是山歌传承人，大家一起随鸣鸣妈妈边唱边舞，分享婉转悠扬，富有浓郁地方生活气息的山歌，孩子们能有机会与山歌相约真是幸福极了。家长和孩子伴随着山歌分享采摘的快乐，通过自己的亲身体验，感受到了金秋时节家乡的美好风光，增强了幼儿热爱大自然、热爱家乡的情感。

（2）"走进敬老院、情暖重阳节"亲子活动

尊老爱老是中华民族的传统美德，为了让孩子们真正理解并践行这种美德，在九九重阳节来临之际，开展"童心敬老 爱在重阳"民俗文化亲子活动，我们与家委会一起，到老年公寓敬老院，带着满满的爱心，家委会成员老师和孩子们走进了敬老院，"爷爷奶奶好……"孩子们一声声亲切、稚嫩的问好声，传遍了敬老院的每个角落，老人们慈祥的笑容顷刻间溢满了整个脸庞。舞龙舞狮为老人送祝福送吉祥，"中华孝道儿歌""尊老敬老手势舞"家长和孩子们为老人分享民俗文化；互动游戏"击鼓传花认农耕"、"采茶送给爷爷奶奶喝"、亲子操等，与众不同的活动增添了亮丽的色彩，虽然没有华丽的服饰、绚烂的舞台，但甜美的歌声、欢快的舞蹈以及真诚的笑容赢得了老人们的阵阵掌声，给他们平淡的世界里带去了欢乐，送去了温暖。

孩子们用自己积攒下来的零花钱为老人们买来了蛋糕和暖宝，将带来的蛋糕与爷爷奶奶分享，他们依偎在老人们身旁，为老人送上一句甜甜的祝福……孩子们的行动换来了爷爷奶奶开心的笑脸和发自内心的赞许。爷爷奶奶们激动地对孩子们竖起大拇指，连声道谢，并祝愿孩子们健康快乐、茁壮成长。敬老院里欢声笑语、其乐融融，充满了生机与希望，老人们在享受到天伦之乐的同时，倍感社会大家庭的温暖。孩子们走出幼儿园，感受不同的社会生活，体验到敬老爱老的责任和快乐，学会用自己的行动为老人带来温暖。同时享受了一次丰盛的民俗文化的盛宴，既增长了知识，也开阔了眼界！真正实现了《3—6岁儿童学习与发展指南》精神。

（六）家乡民俗亲子活动，促进幼儿多元化的发展

孩子们近距离地接触和体验家乡文化，感受祖国和家乡文化的丰富与优秀，感受家乡的变化和发展，激发了幼儿爱家乡、爱自然的情感，提升了家园教育与社会教育的融合发展，有效促进了家园共育目的。从小培养幼儿对文化传承的认知，树立良好的文化素养，将民俗文化融入亲子社会实践活动中是十分有必要的。充分挖掘本地的民俗文化，利用家长和身边的教育资源创新活动思路，为幼儿营造出良好的学习环境和浓厚的文化氛围。让幼儿在优秀的家乡民俗文化中陶冶情操，培养幼儿优秀的品格，促进幼儿多元化的发展。帮助他

们未来更好地成长成才。

（七）家乡民俗文化资源库建设

以满足幼儿的发展需要为宗旨，为教师工作的有效性和专业性提供支持。我们课题组建立了幼儿的学习资源（收集）、教师的教学资源、家长资源和社区资源库，建立家乡传承人信息档案，便于随时沟通交流，课题组编写的家乡民俗文化教学实践案例和主题活动方案一书，课堂实录、照片、教师制作与教学配套的图片、PPT课件、音乐等，课题组同时创编了儿歌6首、顺口溜1首、快板1首，将所有教学资源收纳入库，帮助教师通过资源库的渠道，不断提升教师的专业能力。

为了解更多的家乡民俗文化方面的信息，课题组关注了"阿罗说非遗"抖音号，"桐柏融媒""桐柏在线""桐柏发布""桐柏文艺""福人居桐柏""文明桐柏""桐柏之窗""美丽桐柏"等公众平台，了解桐柏的悠久的历史，古老的民风，听桐柏声音和故事、看桐柏唯美图片，了解最新发展动态和最新时政，并把这些信息分享给家长和微信朋友，让更多的人了解桐柏走进桐柏。课题组收集了大量的桐柏文化书籍，网络收集，建立桐柏文化资源库，建立根雕艺术课程实践开发基地，常态有效地开展社会实践教育活动。资源的整合利用，让教师有"米"下锅，让幼儿有"米饭"可食，通过大家的努力，让教育变得更轻松，让幼儿享受到更多乐趣。

（八）家乡民俗文化园本课程的实施——实践案例

"以研促教提升教师专业水平，以园为本，推进园本教研；以活动为载体，拓宽园本教研平台。"老师们的专业在研究、探索中不断成长，以研促教、以课题促特色发展，以课题促幼儿园发展，扎扎实实做教育、认认真真研究课题。课题组依据四个主题，按照幼儿年龄段以大班为对象选取有家乡民俗文化特色的内容，丰富教学活动形式，课题组成员在研究中注重理论与实践相结合，进一步明确怎样使家乡民俗文化有效地融入幼儿园课程。在选材上贴近幼儿生活富有时代气息，结合幼儿园《纲要》《指南》和五大领域制定目标。组织活动课程游戏化，例如：在"家乡的粽香"主题活动中课题主持人的"粽叶的美妆"获市级优质课二等奖，在"家乡的皮影戏"主题活动中的"家乡的皮影戏"获县优质课一等奖。成员周国智"好玩的皮影戏"获县优质课二等奖，成员龚琳凌在"多彩的民间艺术"主题活动中"会摇动的龙舟"获县优质课一等奖，王萍"赛龙舟"获县优质课二等奖，并在全园推广。其中主持人"家乡的皮影戏"活动邀请全县幼教同行前来观摩学习。在课题组共同研讨实施下，撰写实践案例20余篇。

二、课题研究的社会影响

课题主持人李道玲在全县做经验交流和沙龙研讨4次，送教下乡3次。成员：燕云霄召开家乡民俗文化在幼儿园大班主题活动研讨会3次，龚琳凌案例分析教学研讨4次，周国智访谈分析与讨论2次，刘桐言和王萍开展座谈会和家委会亲子活动社会实践活动。各项活动的开展引起了社会各界的一致好评，在媒体上宣传和报道，受到姊妹园的关注并纷纷来园学习观摩。

（一）借名师工作室加强成果交流

2020年3月20日主持人和工作室全体成员与省名师骨干教师培育对象网络研讨交流活动，活动主题以家乡民俗文化为切入点，大班"家乡粽香"、中班"家乡民俗文化亲子社会实践活动"、小班"红包娃娃"，深入贯彻《3—6岁儿童学习与发展指南》精神，立足本土文化，引领工作室的名师和骨干教师们，开启了一场同课异构的教研之旅。"同课异构"作为一种教学研讨形式，为参与活动教师搭建了一个畅谈教学思想、交流教学设计和展示教学风格的平台。

本次网络教研活动，为学员们搭建了一个互助互学、互动交流的平台，让大家清楚地看到不同的教师对同一教材内容的不同处理，不同的教学策略所产生的不同教学效果，并由此打开了教师的教学思路，彰显了教师的教学个性，真正做到"教学有价值、教学有效果、教学有效率、教学有魅力"。

2020年11月19日，"中原名师工作室"对省名师骨干教师培育集中研修，来自15个县市的学员和幼儿教师近200人，11月19日下午，课题主持人作了"家乡民俗文化在幼儿园大班主题活动的实践策略"的专题讲座。使大家更加深刻地了解家乡民俗文化融入幼儿园课程的实施的思路，主持人的录像课"家乡皮影戏"案例，课题组成员展示的"采茶舞"公开展示活动让老师们领略了家乡民俗文化的独特魅力，带给教师们对园本教学有了新的思考。学员们撰写2000字以上的心得，分别发布在博客和微信公众平台。

（二）城乡牵手引领农村教师专业成长

课题主持人撰写经验论文《公益课堂下乡教，乡情乡土育幼儿——以家乡资源为主》在《环球慈善》期刊发表。为使课题影响力更加深远，课题组走入乡村，把家乡民俗文化的课程"舞狮"辐射引领送教下乡，为乡村幼儿的教育带去更丰富的资源，并引导城乡幼儿教师灵活运用本土资源。

在全县城乡幼儿园教师间的相互交流、实现专业同步发展，充分发挥名师工作室的示范、引领、辐射作用，凸显"立足前沿、实践探索、互助交流、共同发展"的活动宗旨。全面落实优质教育均等化，城乡教育一体化的学前教育发展战略，幼儿园名师工作室，积极探索提升农村幼儿园教师设计组织教学活动能力的途径与方法，经过实践研究探出了自己一套经验，一年来研究了"家乡民俗文化融入幼儿园课程的实践研究"，并以此为主线，进行送教下乡活动，提升了基层、薄弱幼儿教师教育教学能力，达到资源共享。

根据农村园的需求，提出合理化建议。乡村一小幼儿园，送去了家乡最有代表性的活动课"桐柏豆筋"和家乡民俗文化课"划旱船"。在城区五小幼儿园送去了"家乡的剪纸"，在教研讨论中，运用思维导图的方式将活动中的亮点与不足进行了梳理与整理，并互相交流自己的想法、理念，共同探讨家乡民俗文化融入幼儿园课程的重要作用，就教学技巧、组织形式、师幼互动等进行了热烈的座谈互动。

教师们说：茶园基地在我们园附近，我们也可以利用这些资源开展一些活动，让孩子们了解家乡茶义化知识，我们把研究的成果摘选其中最接地气适合乡镇园运用的课程编辑成册赠送给他们，拿来即可运用，解决他们的燃眉之急，人们纷纷表示：不仅传经送宝，而且雪中送炭，有你们团队的引领，我们是最幸福的。

在课后教研交流活动中，乡村幼儿园园长和老师们这样说：参加咱县园本课程展示活动给予我们老师很大的启示，带给我们灵感，不是只停留在教参上而是走出去，我们会利用农村得天独厚的资源开展活动，带孩子到田间地头去实践去认识，例如：我们乡镇农村的孩子比较多，老一辈会扎花，可以邀请家长来互动，还有得天独厚的农产品——稻草等做一些道具开展民间游戏舞龙舞狮、庙会等活动，和孩子一起去欣赏桃花、采摘桃子，帮助他们拔草体验劳动带来的快乐。到菜地农民爷爷会给我们讲种菜的过程。不仅转变了我们的办园理念和教育思想而且提高了我们的生源，我们的美术活动和环境创设会用树叶、玉米皮、花生壳等减少了开支，是名师工作室的光源照射我们成长。

（三）提升了教师对家乡民俗文化融入幼儿园课程的科研能力

随着课题研究的深入，教师课程观念得到转变，教师的科研意识和能力也得到提高。课题研究中教师们首先，深化了对《纲要》《3—6岁儿童学习与发展指南》的更进一步的理解，加强了对课程知识、家乡民俗文化知识的了解，提高了理论基础；其次，课程实施一年来，教师通过研课、磨课和实践活动，在反复的实践中相互切磋研讨、思想碰撞、分析问题、建构策略，提高了自身专业性水平和融入课程能力；再次，教师与家长相互协调，共同承担课程实施任务，架起了家园共育的桥梁，形成良好的亲子关系和人文教育环境；最后，研究实施中教师通过行为观察分析幼儿的心理需求，对于幼儿的心理和行为有了更深的了解，教师根据观察分析调整预设的课程，教师的观察分析反思能力得到了提升，同时促进了教师理念和教育行为的转变。

课题组成员撰写与课题相关论文8篇，主持人李道玲撰写《浅谈家乡民俗文化融入亲子社会实践活动的策略》《依托家长和社区教育资源构建地方民俗文化课程》在《教学与研究》期刊发表；燕云霄撰写《民俗文化跟幼儿美术活动的深度融合》和《家乡民俗文化在幼儿园主题活动中的实施策略的分析》在《教育学文摘》和《教学与研究》期刊发表；龚琳凌撰写《民俗文化与幼儿课程碰撞》《论述在幼儿园游戏活动中的家乡味》分别在《教育学文摘》和《中国教师》期刊发表；刘桐言撰写《浅析地方民俗文化在幼儿园中的熏陶渗透建议》在《教学与研究》期刊发表；王萍撰写《幼儿园环境创设融入地方文化》在《中国教师》期刊发表。课题组研究的省级课题"基于桐柏文化的幼儿园课程资源开发研究"获省优秀成果二等奖；"家乡自然资源融入幼儿园课程的实践研究"和"家乡资源在幼儿园美术活动中的运用与研究"均获市一等奖。

思索篇：成效分析与未来展望

一、课题研究的主要结论

课题组经过近一年的不懈努力达成了共识与结论。家乡民俗文化在幼儿园大班主题活动中的实践研究突出了五个创新。

（一）资源选择的创新

课题组成员有一种吃苦耐劳的精神，敢于大胆尝试，勇于探索。经过不懈的努力，通过访谈了解更多资源，去寻找挖掘，例如：艺人茶艺师、山歌亲子活动，走出去请进来，把他们的技艺展现给孩子，有利于家乡民俗文化的传承。

（二）课程内容的创新

利用现代元素改编老游戏新玩法、老儿歌新改编、老教参新上法，如创编顺口溜，改编趣味性强、简单易懂朗朗上口适合的儿歌、快板等。改编大、中、小型活动和区域活动等例如：亲子同乐猜灯谜游戏，内容设计围绕家乡民俗猜一猜玩一玩，提升幼儿经验，进一步增进爱家乡情感。

（三）教研模式的创新

循环往复，研课—磨课—研课—磨课，录像回放，分析幼儿行为背后的原因，孩子带来的结果再尝试，通过研磨再研磨形成适合幼儿的课程。

（四）活动组织形式的创新

幼儿故事会、幼儿诵读比赛、百米长卷绘民俗亲子活动等加入活动与家乡民俗文化元素相关内容。

（五）跨区域引领的创新

在不同地区讲座和学术报告交流分享成果、精品案例送教下乡、网络同课异构。

二、研究中存在的问题和以后研究设想

通过课题研究，我们发现"家乡民俗文化在幼儿园大班主题活动中的实践研究"为幼儿园教学注入了新的活力。但是，如何把家乡民俗文化在幼儿园中小班主题活动中也能有效融入家乡民俗文化元素，不断创新，需要我们进一步探讨和思考，使"家乡民俗文化实践研究"更加丰盈，从而更加有效地促进孩子们的健康快乐成长，得到全面发展。教师自身要有研究的热情与动力，还要学习更好的研究方法；要争取园领导更多重视与支持；争取园外专家的指导，为教师提供理论上的支持与帮助；进一步提高家长对家乡民俗文化的重视，促进家园合作，争取与家长建立更有效的联系，吸引家长参与更多活动。使家乡民俗文化与幼儿园课程更好的融合。

参考文献

[1]虞永平.文化、民间艺术与幼儿园课程［J］.学前教育研究，2004（1）.

[2]朱敏明.浅谈本土文化遗产在幼儿园教育活动中的实践与思考［J］.学前课程研究，2007（7）.

[3]赵明.幼儿园特色主题活动设计与实施［M］.北京：中国轻工业出版社，2017.

[4]陆丹丹.民俗文化与幼儿课程深度融合［J］.教育界，2019（74）.

[5]涂林秀.加大本土文化应用，提高幼儿园环境创设地域性［J］.新课程（上），2017（7）.

[6]林兰芳.在幼儿园教育中渗透本土民俗文化的实践与思考［J］.试题与研究（教学论坛），2019（19）.

[7]李季湄，冯晓霞.《3—6岁儿童学习与发展指南》解读［M］.北京：人民教育出版社，2013.

[8]朱家雄.幼儿园课程［M］.上海：华东师范大学出版社，2003.

[9]张振平.巧用本土文化渗透教学活动［J］.中国科教创新导刊，2007（18）.

［10］教育部基础教育司.《幼儿园教育指导纲要（试行）》解读［M］.南京：江苏教育出版社，2002.

［11］杨伟东.基础教育教学课题研究十八问（方法篇）［M］.郑州：大象出版社，2017.

家乡自然资源融入幼儿园课程的实践研究

一、课题提出的背景

幼儿生活在电子时代，从小和动漫、卡通、电脑为伴，玩的多半是电子绒布玩具、电脑游戏，及儿童补习班、特长班的参与，占据了儿童大部分业余时间，使得儿童接触自然的时间被压缩、被挤压。随着城市与农村的不断商业化，传统的儿童游戏几近衰落，儿童与自然世界隔离，以至于儿童的游戏性质经历了从亲近自然到远离自然、从手工创意制作到购买廉价玩具、从群体嬉戏到个体自娱的异化过程。电子媒介下的当今物质条件优越的孩子们已经很少有机会去感受大自然的美好。

《〈幼儿园教育指导纲要〉（试行）解读》指出："教师要通过自身的努力，开发和综合利用农村得天独厚的丰富的社会和自然资源，创设农村幼儿教育所需的物质条件和人力条件……为幼儿提供感受和体验家乡文化的机会，从而培养幼儿对社会的认同感，加深对家乡文化尊重和热爱的情感，为传承优秀的民族文化传统奠定基础。"因此，立足教师熟悉的家乡自然资源融入幼儿园课程实践研究是一个很有价值的课题，符合新《纲要》对幼儿发展需求的新理念。丰富了教育活动的内容为幼儿提供尊重，亲近体验本土文化的机会，从而产生爱祖国，爱家乡的美好情感，而且使家乡优秀的自然资源与幼儿教育的内容得以传承到下一代，另一方面通过组织形式多样内容丰富的课程活动，促进幼儿教师和幼儿园的内涵发展，真正建构富有人文精神的幼儿园园本文化特色。因此本课题研究对家乡自然资源融入幼儿园课程具有积极而重要的引领促进作用，为此，我们课题组成员经过反复讨论认为此课题的研究是非常有必要的。

二、选题意义和研究价值

（一）理论意义

本研究主要依据《纲要》和新课程改革，以家乡风景名胜为切入点，从保护自然资源和促进幼儿发展的角度出发，围绕家乡自然资源融入幼儿园课程的实践中相关问题进行研究，在一定程度上完善幼儿园课程资源的实施路径。

（二）实践意义

著名教育家陶行知先生说过："我们要解放小孩子的空间，让他们去接触大自然中花草、树木、青山、绿水、日月、星辰。"大自然是人类最好的老师，四季交替中孕育着万物生灵，它汇聚了生命的律动与成长的真谛。大自然充满了一种使人心平气和的美与力。或许，破解现代教育焦虑的"钥匙"就藏在自然里，给儿童一个从大自然中汲取成长的力量的机会。教师应根据儿童的兴趣与需要，抓住关键点，创生相应的家乡自然资源融入幼儿园课程的实践和活动。通过多种方式获得知识与经验。家乡自然资源融入幼儿园课程有利于改善课程资源单一现象，同时家乡自然资源融入幼儿园课程的实践研究对地域文化的保护和传承有着积极的意义。

（三）研究价值

《幼儿园教育指导纲要（试行）》中提出："环境是重要的教育资源，应通过环境的创设和利用，有效地促进幼儿的发展。""城乡各类幼儿园都应从实际出发，因地制宜地实施素质教育，为幼儿一生的发展打好基础。""充分利用自然环境和社区的教育资源，扩展幼儿生活和学习的空间。"自然资源融入幼儿园课程，已经成为广大城镇幼儿园教育活动开展的必要条件，自然资源融入幼儿园课程越来越受到重视。陈鹤琴曾经提出"大自然、大社会都是活教材"。他认为，学前儿童是在周围的环境中学习的，应以大自然、大社会为中心组织课程内容。福禄培尔曾说过"通过生活并来自生活的课，是使人印象最深刻，理解最容易的课"。而在我们家乡，自然资源更是丰富多彩，一年四季特产不断，风景名胜数不胜数，红色文化源远流长，有特有的民俗民情，由此我们确定了"家乡自然资源融入幼儿园课程的实践研究"，旨在将大自然、大社会作为幼儿学习的大课堂，引导幼儿感受家乡的美，生活的美。教师应当学会主动地有创造性地利用一切可用资源，充分挖掘各种资源的潜力和深层次价值，提高利用率，使幼儿园的各项教育活动创造性地开展起来。

三、课题研究的目标、研究内容和方法

（一）研究目标

课题组围绕立足于家乡自然资源融入幼儿园课程这条主线去研究，如何从实践层面推进家乡自然资源融入幼儿园课程，这一问题不但对实践者有很直接的借鉴价值而且能丰富相关理论。

（1）以家乡自然资源为基础，挖掘、筛选出适合融入幼儿园课程的相关内容。

（2）总结、提炼出家乡自然资源融入幼儿园课程的策略。

（3）形成富有特色的家乡自然资源融入幼儿园园本课程。

（4）提高幼儿教师利用家乡自然资源融入课程的意识和能力。

（二）研究内容

（1）从幼儿的兴趣和需要出发，选择幼儿感兴趣的活动，满足幼儿发展需要的活动。

（2）从幼儿生活中选材，贴近幼儿生活，通过亲身体验、动手操作来获得新经验。

（3）符合当下时节，开展适宜的家乡自然资源课程，尽可能地根据季节在真实的自然环境中开展教育活动，引导幼儿发现自然的奥秘。

（4）主题活动下生成，选择家乡自然教育的主题活动，有意识地利用身边自然教育资源，生成利于幼儿发展的家乡自然资源课程。

（5）把握随机教育契机，教师要敏锐地捕捉到并及时开展教育活动，在当下的场景，孩子们兴趣正是浓厚，加以教师适宜的教育引导与支持，能增强孩子对事物探索的欲望，保持对事物的好奇心，发展学习力和探究能力。

（三）研究方法

本研究主要采用行动研究法。在实施过程中力求体现"计划—行动—反

思—再计划—再实施—总结"的不断循环的螺旋式上升的过程中，创造性地解决在实践活动中的现状及问题。此外本研究还采用文献法、观察法、访谈法。

（1）文献法：本研究通过系统地搜集和分析与"资源""家乡资源""课程""幼儿园课程""融入幼儿园课程"等相关文献，使家乡自然资源研究更具有理论基础和科学性、规范性。

（2）观察法：观察幼儿及教师在开展家乡自然资源活动中的行为表现，分析其因果关系，从中找出规律性的东西，为研究提供依据。

（3）访谈法：在行动研究开始之前采用自编《家乡自然资源融入幼儿园课程的访谈提纲》，深入了解幼儿园在家乡自然资源融入课程中存在的优势与不足之处。

四、课题研究思路、实施方案和步骤

（一）研究思路

（1）成立课题研究小组，对课题小组成员进行具体分工，制定课题研究方案、实施计划，做好开题论证。

（2）了解家乡自然资源融入幼儿园课程的现状，认真分析，写出调查报告。

（3）按课题实施计划，组织课题组成员按照以下四个方面开展课题研究：

① 如何建构幼儿园园本课程体系。

② 促使幼儿愉快地参与到活动中，充分发展幼儿自主性的指导策略。

③ 如何创造设计家乡自然资源融入幼儿园课程活动方案，丰富园本课程内容。

（4）研讨优化实践活动的典型性案例，组织观摩和交流学习，查找家乡自然资源融入幼儿园课程中存在的问题，反思、总结教师指导的有效策略，把课题研究的理论与实践相结合，进行研讨，撰写阶段总结。

（5）收集整理本课题研究的相关资料，编辑课题研究各类成果集。

（二）实施方案及实施步骤

课题研究为一年时间（2019年1—12月），研究对象为幼儿园小、中、大班幼儿。

第一阶段：准备阶段（2019年1—2月）

（1）制定课题实施方案。

（2）组织有关教师对课题进行论证并进行修改完善。

（3）组织课题组成员学习课题相关理论，理清研究思路。

（4）收集丰富理论依据，建立家乡自然资源融入幼儿园课程资源库。

第二阶段：实施阶段（2019年2月—2020年11月）

（1）对家长、教师的访谈调查，访谈内容是关于幼儿教师及家长对于本课题中家乡自然资源的了解程度及建议。

（2）对教师的培训提升，组织课题组成员学习《幼儿园教育指导纲要（试行）》《3—6岁儿童学习与发展指南》《幼儿园工作规程》《基础教育教学课题研究十八问（方法篇）》及有关家乡自然资源内容。

（3）邀请传统文化传人开展学术沙龙活动，访问文化中心工作人员了解更多的家乡自然资源知识。

（4）主持人带领课题组成员到省内外学习并与专家交流课题。

（5）课题组收集并学习了与本课题核心概念有关的文献资料，搜集家乡自然资源，筛选有趣且符合幼儿年龄特点的内容开展深入层次的学习活动。

通过访谈家长、幼儿教师、传统文化传人以及查阅资料我们对家乡自然资源有了一定程度的了解，筛选出适合家乡自然资源融入课程的内容以适当的方式展现出来。

（6）家乡自然资源融入课程的设计与实施。

① 以"家乡自然资源"为主题的环境创设，例如：家乡特产、自然风光、红色文化实物抗战用品、皮影戏，"美丽家乡""我爱家乡""家乡的风光""家乡的特产"等主题墙环创。

② 采摘家乡的野果，品尝家乡的特色美食，亲子活动：走进家乡麦秸画艺术馆等。

③ 多种形式进行实施：课题组根据研究的可操作性确定小、中、大班幼儿为研究对象，设计课程方案围绕"家乡自然资源"中茶艺、神话传说——盘古开山、皮影戏、水帘洞、黄岗红叶、红色革命纪念馆等教学实践活动。

（7）相关课程资源的利用

① 邀请传统文化传人（虎头帽、家乡豫剧）以及对家乡自然资源比较了解的家长参与课程设计。

② 邀请市、县教研室工作人员参与课程设计。

③ 分批组织教师外出参观学习或参加省、市级研讨观摩活动。

④ 开通了课题研究博客和微信公众号，对相关课题进行研讨。

（8）课题中期汇报专家引领见成效

2019年6月28日，主持人在我县幼儿园五楼会议室做课题中期汇报，县教研室教科所所长、幼儿园园长、幼儿园支部书记、业务园长、保教主任等担评议专家，部分教师和家长代表参加课题中期汇报会议。课题主持人先就课题开题以来的工作进展情况进行了梳理，编发了20余次课题简报。

（三）课题总结阶段（2019年11—12月）

（1）形成一套教学实践案例分析集，丰富家乡自然资源融入课程资源库的建设。

（2）撰写研究报告，准备结题。

扩大研究范围，继续研究。

五、课题研究的措施

为确保家乡自然资源融入课程的有效价值，课题实施的过程中采取了以下方法：

（1）注重园所间的合作与交流。

（2）多种形式、多种途径、多种模式地进行家乡自然资源融入课程的实践研究。

（3）开展家乡自然资源融入幼儿园教学实践研究，挖掘以前未被利用的内容资源进行改良和创新。

六、课题研究的创新做法

课题组经过一年的不懈努力达成了共识与结论。家乡自然资源融入幼儿园课程的实践研究突出了四个创新。

（一）筛选适宜的内容

利用身边资源走出去请进来，例如：带孩子到根雕馆去实践，邀请家乡皮影戏艺人、民间布艺传承人和革命老前辈等来园与孩子们互动，有利于家乡资源的传承。

（二）有效融入课程

改编适合幼儿特点的趣味歌谣融入课程，例如：生活资源中《家乡传统小吃——馓子》创编风趣幽默的顺口溜，"白面团变变变，细丝馓子麻叶片……"提升幼儿经验。

（三）拓宽研究视角

通过每月一次课题研讨、每周一次课例观摩、一课多研等形式，围绕主题内容开展活动，课题实施扎实推进，通过实践—研究—再实践三个阶段，建构了具有该家乡自然资源融入幼儿园课程体系和实践模式。注重过程性研究，以课题为抓手，开展多形式科研，真正让课题研究促进教师专业素养的发展。

（四）组织丰富多彩的活动

将大自然的花草植物带进幼儿园设计活动，幼儿故事会、赞家乡幼儿诵读比赛、红歌、亲子活动等融入与家乡自然资源元素相关内容。

七、课题研究的成效与分析

（一）家乡自然资源融入课程内容的选择

课题组通过深入家乡及各乡镇实地调查、查阅相关文献资料及儿时亲身经历，结合融入幼儿园课程的基础理论，以家乡自然资源融入幼儿园课程的实践为起点，筛选出家乡自然资源中的相关内容，分析归纳整理形成四大资源。即生活资源、自然资源、红色资源、民俗资源。

（1）生活资源包括茶叶、桔梗、豆筋、木瓜、板栗、大枣、艾草等。

（2）自然资源包括家乡风景名胜区水帘洞、桃花洞、太白顶、淮河、红色革命英雄纪念馆、黄岗红叶等自然景观。

（3）红色资源包括英雄纪念碑、红色革命纪念馆等标志性建筑。这些丰富的红色资源，是我们进行家乡本土文化教育的优势。

（4）民俗资源主要内容有：好听的山歌、门派的皮影戏、风趣的淮源渔鼓、豪爽的门板宴、历史悠久的淮河源地方农事风俗、广为流传的民间舞蹈和地方戏曲等。

课题组成员在《启迪》期刊发表的《挖掘家乡自然资源展现课程特色》一文中提到：挖掘更多的优秀乡土资源，结合幼儿课程内容，创造出更有价值的内容，帮助幼儿健康、全面地发展。把家乡资源融入幼儿课程，改善了传统的课程教育观念，将"动态"的课程活动融入其中，为幼儿教师带来了新的挑战，同时也能够推动幼儿教育发展，将留于课程表现的教育现状逐渐瓦解。

（二）家乡自然资源环境创设融入课程

教育家陈鹤琴先生指出："大自然，大社会是我们的活动材料，运用天然材料开展教育活动，可以让幼儿获得真实的感受。在这个广阔的田地里，有许多自然材料可利用。"为此，我们充分利用自然资源，因地制宜，就地取材，创设具有本地特色的幼儿园环境。

走廊吊饰和班级环境：走廊装饰体现自然化、立体化，我们利用"筲箕、麻绳、水缸以及本地制作的藤球"等加以装饰，楼楼有特色的家乡自然资源主题创设。例如："美丽家乡""我爱家乡""家乡的风光""我爱家乡的美"等。更吸引眼球的是环境幼儿园大厅、长廊、楼梯的耙子上都挂着醒目的大字"美丽家乡主题"；家乡特产、自然风光、红色文化实物抗战用品、皮影戏、家乡的风景名胜等，时时刻刻对幼儿进行着家乡文化的熏陶。

我们依据家乡自然资源创设开展了具有乡土气息丰富多彩的区域活动。例如："家乡的茶庄""家乡戏曲小舞台""民间游戏""民俗文化表演区""皮影戏小舞台""家乡乡土资源美术功能室"的区域等。

课题组成员撰写"家乡自然资源环境创设融入课程的实践"经验论文在《教育周报》发表，其中，这样阐述：中国地大物博，拥有丰富的资源，每一片大地都有其独特之处。近来，"绿水青山就是金山银山"的口号被提出，乡村环境资源的丰富性，应该得到合理利用，而资源本身所承载的传统技艺与文化也应该得到关注，从而得到有效的弘扬与传承。幼儿园根据当地特色，开展家乡自然资源环境创设融入课程的实践活动，让幼儿了解家乡传统技艺，感受民间风俗的魅力，同时利用区域活动丰富幼儿课程，从而促进幼儿全面发展。

把家乡自然资源融入幼儿园课程中，开阔眼界，丰富经验，弥补教育资源的不足，拓展教育内容，使孩子们在轻松愉快的自然游戏中更加关心社会，了解家乡，更加关注家乡的变化，并从中体验到一种被社会接纳、重视的感受，形成对家乡的良好情感。同时，也折射出老师的教育思想、教育智慧，更体现我们的教育理念。

（三）家乡自然资源融入幼儿园课程——家长、社区作用的发挥

家园共育：以家长为依托把家乡自然资源融入幼儿园课程，在课程资源利用的平台中，提升双方对幼儿园地方文化课程资源融入课程更加深入、多元的认识和能力，家长为幼儿和幼儿园提供家乡自然资源课程的相应物质材料；为幼儿提供相应的家乡自然资源知识经验；参与、助教幼儿园自然资源融入课程的活动，展现家乡文化特长和才能；为幼儿园家乡自然资源融入课程提供建议等。请家长提供家乡民间美术工艺作品的物质资源，例如，各种民间美术工艺作品的图片、竹编、扎花工艺品，周末、节假日带领幼儿到农田、水边、树林，感受家乡四季分明的气候特点和大自然的魅力。例如，走进根雕博物馆和春季踏青活动等。以家委会为依托带孩子参观家乡红色革命纪念馆，参观了淮祠和遗址等。寻找老前辈讲解放家乡故事，家乡的发源地，家乡历史名人，家乡英雄的故事，家乡的神话故事等。

社区合作：通过社区民间音乐、舞蹈、戏曲团体收集各种民间艺术图片、视频等家乡民间艺术资料，与精通家乡民间音乐、舞蹈、戏曲的社区艺人和社区年长者建立广泛联系，邀请其到幼儿园举办讲座、展演，为幼儿讲解家乡民间传统习俗由来、传统、讲民间故事比赛等。

课题组成员发表在《女报·家庭素质教育》期刊中提到，牵着家长的手让家乡自然资源融入幼儿园课程，是弘扬中华传统文化美德的重要途径，为幼儿

带来了丰富的感知素材，提高幼儿学习兴趣，幼儿在参与过程中，积极性不断提升，思维不断地拓展，知识储备不断丰富，合作与交流能力增强，同时也能够与家长拉近关系，打造更加亲密的亲子关系。总之，自然资源走入幼儿园让幼儿发展更加多元化，让传统文化传承，永留人们心中。

（四）家乡自然资源园本课程的实施——研磨课案例：桐柏传统小吃——馓子

传统食品一直很受桐柏人民的喜爱，它伴随着一代又一代桐柏孩子们的成长，更是儿时美好的记忆。因此我们想抓住传统美食这一模块设计一系列的活动，帮助孩子们认识和了解这些传统小吃，对家乡的美食文化有更深刻的认识，知道它们是桐柏人民勤劳智慧的结晶，从而萌发他们爱家乡的情感，体验家乡的独特之处。例如：传统小吃馓子，教师提前录制了炸馓子视频、课件，准备各类传统食品（雪花糕、麻糖、果子棍等）。

采取情景体验：招待客人。孩子在观察馓子实物的时候都很感兴趣，虽在生活中见过，但和伙伴们一起探讨很开心。孩子们在品尝家乡传统食品时，能和伙伴分享品尝食品的感受，交流食品的味道，这时老师又出示其他几种传统食品，不仅能提升幼儿经验，更让孩子萌发了作为桐柏人的一种自豪感。

在招待客人中，幼儿不仅把自己认识的传统食品用自己的语言介绍给客人，还能随机说出食品的优点、口感，大大提高了孩子们对家乡传统美食的认知，更激发了他们进一步探索的欲望。

课题组依据四大资源从主题活动方案中，按照幼儿年龄段以大、中、小班为对象选取有家乡自然资源特色的内容，依据家乡自然资源融入幼儿园课程的实践基本模式梳理、分析和研磨出了可行性教学实践方案，形成了研磨课案例集。

（五）课题研究的社会影响

课题主持人多次开展线上线下研讨交流活动，组织教师集中与小组相结合的培训活动，成员分别召开家乡自然资源融入幼儿园课程实践研究家长交流会2次，同时开展家委会亲子活动和社会实践活动，成员的案例分析教学研讨2次，访谈分析与讨论2次。

借名师工作室加强成果交流，2019年3月18日主持人和工作室全体成员与省名师骨干教师培育对象网络研讨交流活动，活动主题以家乡自然资源为切入点，大班"家乡的地图"、中班"家乡自然资源亲子社会实践活动"、小班"红包娃娃"，开展说课活动，同时，把大班"家乡的地图"一课送教下乡和乡镇的老师共同探研，提升了家乡自然资源融入幼儿园课程的科研能力。

八、课题研究的部分成果

（一）实践成果

课题组在实践研磨中"美丽的干花草"获市优质课二等奖；"家乡的地图"获县优质课一等奖；"奇妙的声音""小小设计师""瓦片上的种子画""家乡的徽子""有趣的树叶敲拓染"5节获园优质课奖；撰写课题研究案例集、主题活动方案集各一本。

（二）理论成果

在研究过程中，课题主持人和成员根据研究目标，围绕课题形成了4篇研究论文分别在不同期刊上发表，课题主持人撰写的《公益课堂下乡教，乡情乡土育幼儿——以家乡资源为主》在《环球慈善》期刊发表；成员撰写的《挖掘家乡自然资源展现课程特色》在《启迪》期刊发表；《家乡自然资源环境创设融入课程的实践》在《教育周报》发表；《牵着家长的手让家乡自然资源融入幼儿园课程》在《女报·家庭素质教育》期刊发表等，同时创编了儿歌3首、顺口溜1首、快板1首。

九、课题研究展望

（1）一年来通过这项课题研究，我们积累了一些课程开发研究的宝贵经验：建立良好的研究团队和健全的研究制度是课题进行和开展的保障；科学的研究方案是课题开展的灵魂，研究方案必须立足于自身现状，借鉴他人的经验，不断调查学习，才会有发现有创新；课题研究对提高我们幼儿园教师的专业素质有着重要的意义。

（2）不足之处：我们的理论功底不足、科研水平还有待于提高，与科学意义上的教育科研、与上级领导和专家的要求还有很大距离。接下来我们会更深入挖掘家乡自然资源背后所蕴含的教育价值，有目的、系统地融入幼儿园五大领域及幼儿园园本课程中来，逐步形成我园一套更科学、翔实的家乡自然资源园本课程体系，并在专家的指导下继续深化这项课题的研究。

参考文献

［1］冯晓霞.幼儿园课程［M］.北京：北京师范大学出版社，2000.

［2］朱家雄.幼儿园课程［M］.上海：华东师范大学出版社，2003.

［3］杨伟东.基础教育教学课题研究十八问（方法篇）［M］.郑州：大象出版社，2017.

［4］李介.国外校本课程开发模式带给我们的启示［J］.教育理论与实践，2010（26）.

［5］中华人民共和国教育部.幼儿园教育指导纲要（试行）［M］.北京：北京师范大学出版社，2001.

［6］王海燕.地域文化与课程［D］.上海：华东师范大学，2003.

［7］教育部.基础教育课程改革纲要（试行）［Z］.教基〔2001〕17号.

［8］纪亚梅.冬去春又来——"自然教材"的合理运用［J］.早期教育，2006（3）.

［9］李季湄，冯晓霞.《3—6岁儿童学习与发展指南》解读［M］.北京：人民教育出版社，2013.

民间游戏在幼儿园中运用的研究

一、课题研究的意义

优秀的民间传统游戏是劳动人民生活经验的积累，也是优秀教育智慧的结晶，它赋予了鲜明的区域特点和浓郁的地方特色。但是，随着社会发展，高科技的电子玩具的出现，使许多民间的乡土游戏随之悄然流逝。许多生动有趣的民间游戏逐渐退出了孩子的生活，不再为幼儿所熟悉，如"老鹰抓小鸡""跳竹竿""石头剪子布"和"金锁和银锁"等。这些游戏，往往来源于人们的现实生活，贴近幼儿，非常适合于幼儿身心发展的特点。可是，由于物质生活的不断提高，许多民间游戏被教师和家长所忽视，导致了民间游戏正面临着失传的危机。

新颁布的《幼儿园教育指导纲要（试行）》也对幼儿游戏提出了新的要求，游戏是学前儿童的主要活动，通过丰富多彩的游戏发展幼儿的多种功能，寓教于乐。但广大幼儿教师由于时间、精力和水平的限制苦于编游戏难，而现有的游戏又大多内容单调不能适应现代幼儿发展的需要。而经济实惠、简便易行的民间游戏正是这一空白的填补者，并有以下的突出优点：一是民间游戏具有易学、易会、易传的特点；二是内容丰富、形式多样、轻松活泼、节奏明快、语言朗朗上口；三是具有很强的随机性和简便性，一般不受时间、空间、人数、年龄等条件的限制；四是民间游戏的玩具材料十分简便，便于老师制作，甚至不花钱也能开展幼儿民间游戏。为此，研究它就是要对民间游戏进行开发、改编、挖掘它的教育娱乐潜能，让它继续为幼儿教育服务。

二、课题研究的目标

（1）民间游戏在不断挖掘、整理、改编、创新，在实践的过程中，有助于教师不断探索民间游戏教育的策略和途径，有助于教师教育观、儿童观、游戏观的更新，从而进一步提高教师的游戏指导水平和教科研能力。

（2）了解民间游戏，继承我国传统文化，喜欢并遵守民间游戏规则，能从中获得愉悦的体验。

（3）通过民间游戏的开展，锻炼幼儿体能、感知能力、社会性、语言表述能力等，使孩子们在游戏中健康快乐成长。

三、课题的界定

民间游戏，顾名思义是起源于民间的游戏，这类游戏往往不会被特意设计而用来达到教育的目的，但其含有的生活文化和民族特点却对幼儿教育起着非常大的积极影响。民间游戏作为幼儿教育中娱乐性教育的手段，它所传递出来的朴实、贴近生活的教育氛围使得民间游戏在幼儿教育中占有特殊地位。

四、研究的内容

（1）对民间游戏的搜集、整理、分类的研究。

（2）对民间游戏进行改编和创新的研究。

（3）民间游戏在幼儿园中运用的研究。

五、研究重点及预计突破的难点

采用"求新与求活"的策略，把留存在民间的乡土游戏引入到幼儿园的游戏活动中，让民间游戏的价值得到很好的拓展。补充和丰富幼儿园的游戏活动。

本课题将在理论和专家的指导下在以下方面有所突破：民间游戏的搜集、整理与分类；民间游戏的改编与创新；民间游戏的运用。

六、研究的对象与方法

1. 研究对象

本园大二班、大三班、中一班、中二班、中三班、小二班三个年龄段共六个班级全体幼儿及家长。

2. 研究方法

（1）调查法：采用访谈法等对民间游戏的种类进行调查。

（2）文献法：本研究将搜集大量的有关民间游戏的书刊来丰富民间游戏的种类。

（3）行动研究法：教师在研究的过程中发现问题后及时诊断，并提出解决问题的方法在实践中不断分析、反思幼儿行为的产生及背后原因，不断调整指导策略解决问题。

（4）观察法：教师对幼儿在活动中的表现进行记录，分析和了解幼儿的想法、看法和做法。

3. 研究步骤

课题实施周期：2008年1—6月

（1）准备阶段（2008年1—4月）

①理论学习、召开座谈会、更新教育观念，使本课题组成员明确教研意义。

②本地区民间游戏开展情况的调查、座谈、收集分析相关资料。

③收集、制作民间游戏所需的器械、材料等。

（2）实施阶段（2008年5月—2009年4月）

①把收集、筛选、整理得到的民间游戏，充实到课程的内容和一日活动中去。

②对民间游戏进行设计、改编、创新和运用。

（3）总结阶段（2009年5—6月）

①汇编《桐柏县幼儿园民间游戏集》。

②整理民间游戏开展过程中典型游戏方案、案例，形成专集。

③撰写研究报告。

七、民间游戏研究的成果

（一）民间游戏的搜集与运用

1. 收集民间游戏

课题组成员深入到各乡镇、村和县城，对民间游戏进行社会调查，对家长发放民间游戏家长问卷。此项工作，得到了广大社区和家长的支持与配合，共收回社会调查140份、问卷调查130份。我们还通过书籍、网络等渠道不断来搜集一些优秀的民间游戏，充实和丰富我们的民间游戏内容。

2. 创编民间游戏

课题组成员通过研究和初步的设想，将这些收集来的资料进行分类汇总，形成初步的游戏方案，并结合本园实际，不断地修改和完善，大胆进行创编，使民间游戏充分发挥了其教育价值。

3. 运用民间游戏

俗话说："实践出真知。"收集来的民间游戏，一定要经过大家的实践操作，才能知道是否符合幼儿，是否对幼儿的成长、对教师的发展有帮助。所以在课题研究中，我们重点做好这一环节，将初步形成的各年龄班民间游戏内容在各年龄班推广使用，融合到了幼儿的一日活动中。我们具体做了以下工作：①各班依据各年龄段幼儿特点，考虑本班幼儿实际发展情况和季节等因素，制定本班民间游戏活动计划。在实施过程中，教师注意对实践资料的收集，如开展民间游戏在幼儿园中运用的研究案例分析、谈体会和反思等。这些材料的收集，既为教师研究经验总结提供了实践依据，又为形成我园开展民间游戏的游戏活动方案提供了第一手的实践资料。原有的各年龄班民间游戏内容，在一定的程度上存在着不足，通过一阶段的实施后，我们课题组全体成员一起商讨，现正在进一步的实施研究中。为了更好地组织幼儿开展民间游戏，我们教师亲自参加民间游戏，和幼儿一起玩、体会游戏的乐趣，也为指导幼儿开展游戏奠定了基础。②在研究内容上"利用自然资源开展民间游戏的研究"过程中，为了推动课题研究的顺利进行，充分发挥青年教师的聪明才智和主观能动性。我们利用自然资源创设活动室，如稻草绳、稻草、山野草造型、民间工艺、鞋垫、壁挂、鱼、旧草帽、布、麻绳等，使活动室充满了乡土气息和丰富的文化内涵。另外，利用废旧材料自制游戏器材，各班教师都能充分利用周围环境中的自然资源，加以改造、创新，并很好地运用到一日的游戏活动中。利用集体游戏和分组游戏等活动，丰富幼儿的游戏器材，从而使教师形成了一些自制游戏器材的经验。与此同时课题组成员开展了有关课题内容的方案设计和研讨，初步形成了一些适合年龄班推广的比较成熟的游戏方案。

（二）增强幼儿体质、促进幼儿社会性发展

当今社会高速发展，除了我们需要具有良好的身体素质外，还需要具有敏锐的观察感知能力，活泼开朗的性格等，更需要具有良好的社会交往协调组织合作竞争等素养。民间游戏在幼儿园中运用的研究在全园推广和实践，对幼儿诸多方面都有着很大的促进作用。对幼儿的协调发展，对幼儿的感知觉发展，对幼儿形成积极的情绪情感和良好的性格，对幼儿形成友爱、和谐、合作的社会性的发展等方面，都有着很大的现实作用。

（三）教师的科研水平不断提强

教师研究积极性得到提高。通过对课题"民间游戏在幼儿园中运用的研究"的实践，教师的科研意识不断增强，大家认为此课题操作性强。课题的操作思路立足于本园实际，充分利用当地教育资源，从幼儿园的实际情况和幼儿的健康发展出发，把课题研究融入幼儿一日生活中，教师们感觉有抓手，积极性得到很大的提高，都能进行大胆尝试和探索，课题研究的水平上了一个新的台阶。

（四）民间游戏的选编原则

1. 科学性原则

由于民间游戏产生于一定的历史时期，因而必然反映着该时期的社会生活和风土人情。随着社会的不断发展，人们的生活方式、价值观念、风土习俗都在发生着变化，使得原有的民间游戏在内容和形式上都有可能存在着时代的局限性，有的甚至夹杂着一些不健康、不安全的内容，因此需要对搜集来的民间游戏进行改编，取其精华、去其糟粕，使其符合幼儿的身心发展水平和时代要求，并对幼儿具有教育意义。例如，游戏"砍白菜"，原游戏中的动作是用

手掌"砍"在幼儿头颈处,这种动作不利于幼儿身体的健康,我们把"砍"的动作改在幼儿的脚跟处,这样更贴近生活实际。又如"捉鬼"游戏,其中的"鬼"不利于对幼儿进行科学教育,我们就把"鬼"改为"影",这样既科学又不会影响游戏的趣味性。

2. 娱乐性原则

娱乐是游戏的生命,任何游戏失去了娱乐性,引不起幼儿的兴趣,最终将被幼儿所抛充。因此,在选编民间游戏时必须把是否使幼儿产生愉悦的情绪作为重要的因素考虑,使游戏的内容、玩法、规则等都具有娱身、娱心的功能。具有较强娱乐功能的民间儿童游戏一般应是:内容生动具体,形式活泼轻松,并配有朗朗上口的儿歌童谣。具有娱乐功能的游戏也必然是幼儿能积极参与到其中的游戏,这样的游戏最能满足幼儿好动、好玩、好模仿的心理特点。如"过家家"的游戏,幼儿通过扮演角色、模仿角色的行动,在游戏中边玩边吟唱,始终处于积极的愉快情绪之中。有些传统的民间游戏对于现代要求娱乐性较高的幼儿来说,玩起来并不那么有趣,需要教师在内容、形式和玩法等方面进行改编,以重新焕发起它们的生命活力。如"踩高跷"游戏,幼儿拽着绳子,踩着高跷走来走去,时间长了可能会觉得单调,我们进行了改编,增加走法和儿歌,使游戏的趣味性和活跃气氛增加。

3. 时代性原则

有的教师把民间游戏误以为传统游戏,认为其内容、玩法都是"过去的"。其实,民间游戏既有传统的又有现代的,它要不断反映时代的变化,随着社会的发展而发展,这种发展有两层含义,一是要求不断增加反映时代内容的新的游戏,如"接龙歌"游戏,就是要把社会所发生的巨大变化在游戏中表现出来。二是要求不断赋予传统的民间儿童游戏以新的内容和形式,使之更适合现代孩子的需求和实际。如玩"跳格子"的游戏,按常规、小石块所放的那一格必须空着,不能跳,现在经老师改动后,幼儿采用了新的玩法。

(五)民间儿童游戏的组织策略

1. 游戏开展的随机性

民间游戏的开展应体现其随机性的特点。这种随机性体现在它的开展一般应不受时间、空间、材料及组织等条件的限制而具有较大的随意性及灵活性。民间儿童游戏的开展不要求有整段的时间，无论何时，只要幼儿愿意都可以自由玩耍。根据我们的经验，下面四个时间段较有利于幼儿玩民间游戏，一是在户外体育活动中穿插玩民间游戏，如玩"开火车""丢手绢""转圈"等以巩固动作为主要目的游戏。二是自由活动中玩"剪刀、石头、布""打弹子""捉老鼠"等以训练小肌肉动作或手眼协调能力的游戏。三是在区域活动中玩"翻图片""接龙皮影戏""东西南北"等以发展幼儿智力、语言的游戏。四是在过渡环节的零散时间玩"翻绳""点豆豆""猜拳"等简单有趣、便于收拢的游戏。总之，在一日生活的各个环节，只要时间允许，都可以玩民间游戏。民间儿童游戏的开展对场地的要求也不高，房前屋后、活动室、走廊、操场、楼梯转角，只要是安全的地方都可以组织幼儿玩耍。民间儿童游戏所需要的材料是较为容易采集的东西，如香烟盒、木棒、酒瓶盖等。在开展的时候应引导幼儿就地取材料，到日常生活中去选取。民间游戏的组织也具有较大的灵活性，有时需要教师统一的组织，有时则是几个孩子自由地凑在一起商量好游戏玩法，便自如地玩起来，无需成人的指导。

2. 游戏开展的针对性

民间儿童游戏种类繁多、内容丰富、玩法各不相同，规则难度也不一样。因此，在组织幼儿玩耍时，应考虑是否符合幼儿的年龄特点及身心发展规律，应有针对性地组织与开展，一是针对不同年龄的儿童的发展特点，选择不同的游戏。以幼儿动作发展为例，小班幼儿的大肌肉动作正处在较迅速的发展时期，我们开展了"老鹰捉小鸡""丢手绢""捉迷藏"等旨在提高大肌肉动作机能的游戏。中班幼儿的小肌肉动作发展较快，我们选择的游戏则有助于训练小肌肉动作的灵活性。如"抽筷子""抓石子"等游戏都具有这方面的功能。大班幼儿动作的力量、复杂性、灵活性发展较好，我们就开展了如"玩陀螺"这样既需要一定的技巧又要求幼儿手臂具有一定力量的游戏。二是针对同一年龄不同发展水平的幼儿选择不同内容的民间儿童游戏，提出不同的动作要求和不同的游戏规则，提供不同的角色和不同的玩具或替代物，随时调整游戏的难易程度，以使每个儿童在其原有水平上得到发展，如"接龙"游戏，玩法是统一的，但不同能力的幼儿在排列小布球的要求上可以不同，有的是一个隔一个排，有的则是两个两个间隔排，有的甚至要求他们三个三个排。

3. 游戏开展的指导性

在幼儿园开展民间游戏的过程中，教师应树立既要尊重幼儿的主体地位又要发挥教师的主导作用的理念，将教师的主导作用体现在对幼儿游戏的观察、支持和引导上。第一，通过敏锐观察，捕捉游戏中的各种信息，判断幼儿对游戏的掌握情况，及时作出必要的调整，不断完善游戏的玩法。如幼儿在玩"摸瞎"游戏时，我们发现幼儿乱追乱跑，躲得很远，使闭眼者无从逮捉，而闭眼者总是自觉不自觉地睁开眼偷看，这就使游戏不能达到设计的目的。于是我们启发幼儿给游戏增加了辅助材料——面具或布条，让捉人者戴上面具或蒙上布条，规定没有蒙眼的幼儿不准跑出指定范围，同时为游戏配上儿歌，这样不仅丰富了游戏内容而且使游戏更加有趣，更能达到设计的目的。第二，采取灵活的指导方式，拓展游戏内容，促进幼儿游戏不断深入，我们采用的指导方法主要有参与式指导与启发式指导两种形式，参与式指导是指教师作为幼儿的伙伴，以平等的身份参与到游戏中，通过情绪、态度、语言和行为对幼儿的游戏施加积极的影响。如玩"捉老鼠"游戏，幼儿对怎样把手帕折成一只老鼠无从下手，这时教师以同伴的身份参与游戏，拿出一条手帕和他们一起讨论折法，并一步一步折起来。这样通过平行活动，对折老鼠的方法给予隐性的示范，促使游戏得以展开。启发式指导是指教师通过设置问题情景的方式，启发幼儿思考，让幼儿在亲身实践中发现问题，解决问题，从而推动游戏的进程。如玩"扔铜币"游戏，幼儿站在起始线上，朝前方掷铜板，比比谁掷的铜板远，但由于高墙太近，掷出的铜板反弹回来，决不出胜负，这时，教师提出问题："如果重新设计规则可否决出胜负"等，幼儿议论开来，有的说场地太小，被墙堵住，有的说我们比一比谁掷出的铜板反弹后离墙最远，有的说反弹后离墙最近也可以，同样可决出胜负，有的说……一个游戏的困难在问题的启发下，在儿童的思考中得到解决。

八、民间游戏的最佳绩效

我们课题组成员，扎扎实实研究课题，每一项活动，教师都亲自参与尝试、和孩子家长一起互动，经过一年多的研究取得了显著成果。收集整理民间游戏集三册（分别为游戏类、图片类、理论类），创编了《桐柏县民间游戏集锦》一册，组织的三个民间游戏活动分别获省级一、二等奖和市级二等奖，收集活动实照160余张，撰写的论文分别在省、市获奖。课题组长李道玲老师撰写论文《利用民间游戏，促进幼儿和谐发展》获省三等奖，撰写《浅谈传统游戏在幼儿园中的应用》获市论文比赛二等奖，《回归生活，给孩子播下本土文化的种子》获市论文比赛一等奖；创编的民间游戏活动"猫捉老鼠"获省游戏课比赛一等奖；该教师还被授予县教学能手称号。成员：许玉菊撰写的《民间游戏与幼儿的发展》获省论文比赛二等奖，同时获教科研先进工作者；张春红老师撰写《论民间游戏对幼儿社会发展的重要性》获省论文比赛三等奖；《为现代幼儿提供民间游戏》获市论文比赛二等奖；刘彦萍老师撰写《让民间游戏走进幼儿园》获市论文比赛一等奖；王明平老师撰写的《让幼儿充分体验民间游戏的快乐》获市论文比赛一等奖；李艳红老师撰写《浅谈民间游戏的社会性教育价值》获省论文比赛三等奖，创编民间游戏综合活动"好玩的丝巾"获省游戏课比赛二等奖；靳古彦老师创编民间乡土游戏活动"我是小兵"获市游戏课比赛二等奖。

九、课题研究的启示

（一）注重传承与创新的结合

民间游戏是我国民间文化的一个重要组成部分，也是幼儿园亟待开发、利用的宝贵的教育资源，为了不让民间游戏流失，为了发挥民间游戏在促进幼儿身心发展方面的重要作用，广大教师应对民间游戏进行挖掘、筛选和整理，使这一宝贵资源得以传承下来。同时，幼儿教师应充分认识到民间游戏只有通过不断的创新才有它的生命力，因此，应在传承的基础上不断创新，不断创造出符合时代特色和幼儿要求的现代民间儿童游戏，使民间儿童游戏这一朵传统文化之花放射出夺目的光彩。

（二）注意勤俭与投入的相合

民间游戏是一种简便易行、经济实惠的游戏，对于一些经费较紧张的幼儿园来说，不失为一种"勤俭办园"的好办法，尤其是对于广大的郊区和农村的幼儿园来说，开展民间儿童游戏，有助于缓解他们园舍、场地窄小及教、玩具不足的矛盾，为幼儿园节约大笔经费。当然，我们在倡导勤俭节约的同时，也不能以此为借口而减少对开展游戏所作的投入，毕竟游戏经费的投入是开展好幼儿园游戏的一个重要条件。各级教育行政部门及幼儿园在经费许可的范围内应拨出一部分经费用于游戏的开发和玩教具的投入上。

（三）注重民间游戏与其他游戏的相结合

民间儿童游戏的民族性、娱乐性及开展的随机性、玩具应用的简便性等特点，使它们具有独特的开发与运用价值，是其他游戏类型所无法替代的，要求我们必须给予重视、充分挖掘它们的教育潜能。同时，我们也要清醒地认识到其本身也存在一定的局限性，必须与其他游戏类型结合，优势互补，灵活使用，共同促进幼儿的全面发展。

参考文献

［1］中华人民共和国教育部.幼儿园教育指导纲要（试行）［M］.北京：
　　　北京师范大学出版社，2001.

［2］中华人民共和国教育部.幼儿园工作规程［Z］.2016.

［3］孙维胜.教育科学研究方法浅说［M］.北京：南海出版公司，1998.

［4］丁海东.学前游戏论［M］.济南：山东人民出版社，2001.

基于家乡非物质文化遗产融入幼儿园课程的研究

一、课题提出的背景

（一）国家对非物质文化遗产的重视

习近平总书记指出："优秀传统文化是一个国家、一个民族传承和发展的根本，如果丢掉了，就割断了精神命脉。"

教育部原部长陈宝生强调：优秀传统文化"非物质文化遗产"进校园是当前中国人的首要任务。

我们的家乡桐柏是一个拥有悠久历史文化的县城，在历史的发展过程中有一批宝贵的优秀非物质文化遗产流传至今。随着现代社会生活的发展和人类生活节奏的加快，一大批具有桐柏当地特色的非遗文化逐渐消失，甚至失传。庆幸的是，近年来，政府和民众对非物质文化遗产保护和发展都更加重视，非物质文化遗产的利用和传承已经成为社会普遍关注的问题。非物质文化遗产（以下简称非遗文化）进校园也成了学界探讨的一个重点，但研究者的关注点一般集中在非遗文化进入中小学课堂和校园，对进入幼儿园的关注还不够充分。让幼儿从小熟悉了解身边的非遗文化，是保持和发展非遗文化的有效途径，同时也有利于将非遗文化有效传承。但在文化传承上又出现了问题：由谁来传承、怎么传承、如何在传承中创新？本文从幼儿教育开始融入传统文化教育，把文化、艺术、社会等教育相结合，研讨创新型传统文化对幼儿的教育。

（二）符合幼儿教育纲领的要求

《幼儿园教育指导纲要（试行）》指出：要"充分利用社会资源，引导幼儿实际感受祖国文化的丰富与优秀，感受家乡的变化和发展，激发幼儿爱家乡、爱祖国的情感"。家乡桐柏非遗文化恰恰是本土社会资源中濒临失传而被保护的本土文化，非遗文化中很多项目都极具地方特色，这些项目来源于地方生活，反映当地生活，是活生生的课程资源。

（三）幼儿园的有利条件

家乡桐柏非物质文化遗产浓缩了桐柏传统民族文化的精华，其丰富性、生动性与多样性既展现了桐柏文化的绚丽多姿，又推动着桐柏传统文化的现代转化与创新，是值得我们探究和传承的。于是，结合幼儿的生活经验，我们决定以"桐柏非遗文化"山歌、面塑和皮影戏为线索，开展园本课程探究活动，让家乡桐柏优秀的非遗文化在校园里传承与发展。另外，我们园还有得天独厚的家长传承人资源，对于课题的研究提供了便利。让幼儿从小熟悉了解身边的非遗文化，是保持和发展非遗文化的有效途径，同时也有利于将非遗文化有效传承。

二、课题研究的理论依据

（1）在2017年国务院发布了《关于实施中华优秀传统文化传承发展工程的意见》特别指出，要从幼儿教育开始，就要把优秀的传统文化渗透于各个领域当中，我们给本土的非遗搭建一个平台，让孩子去学习和了解在潜移默化中进行影响，这对孩子的成长有重要的意义。

（2）维果茨基的"最近发展区"理论。维果茨基的研究中指出，儿童在发展的过程中有两种水平：一种是儿童已经达到的发展水平，一种是儿童可能达到的发展水平，也就是"儿童还不能独立地完成任务，但在成人的帮助下，在集体活动中，通过模仿，却能够完成这些任务"。这两种水平之间的距离，就是"最近发展区"。幼儿园在开展传统文化教育活动时，一定要了解儿童的"最近发展区"，这样才能促进每个孩子的潜能得到最大的发展。

（3）陶行知曾经说过："人类从几千年生活中所得到，而留下来的宝贵的历史经验，我们必须用选择的态度来接受。"我们在传统文化素材的搜集上，应该筛选适合幼儿园、适合幼儿年龄特征的教育内容，让孩子在与传统文化的对话中，感受中国传统文化的魅力。

三、核心概念界定

（一）对"非物质文化遗产"的阐述

非物质文化遗产这一概念最早是以自然遗产、世界遗产、文化遗产的形式出现于1972年11月16日联合国教科文组织在巴黎通过的《保护世界文化和自然遗产公约》、颁布的《关于在国家一级保护文化和自然遗产的建议》中。而这也为今后的非物质文化遗产概念的确立奠定了坚实的基础。之后，随着自然遗产、世界遗产、文化遗产保护工作的不断深入，非物质文化遗产的概念被逐渐确定了，但是直到联合国教科文组织在2003年10月17日举办的第23届大会中通过的《保护非物质文化遗产公约》中才详细地界定了在国际上得到认可并统一的"非物质文化遗产"概念："非物质文化遗产"指被各社区、群体，有时为个人，视为其文化遗产组成部分的各种社会实践、观念表述、表现形式、知识、技能及相关的工具、实物、手工艺品和文化场所。

（二）对"幼儿园课程"的阐述

幼儿园课程是指：基于幼儿发展需要，为幼儿提供的各种教育内容、方式和经验的总和。包括幼儿园所实施的各领域的课程和各种活动。新课程标准提出了"课程资源"的概念，要求教师要善于开发和利用各种课程资源，讲求教学资源的多样性、灵活性和生活性。而新课程理念更是强调以人为本，关注人生命的整体发展和可持续性发展。因此，将课内与课外结合起来，把活动和幼儿生活的世界结合起来，是幼儿园课程实施和优化的关键。

将家乡非物质文化遗产融入幼儿园课程是指：充分利用家乡最典型、最有代表性，与幼儿日常生活知识经验相接近的、能为幼儿所接受的非物质文化主题教育内容来完善幼儿园课程的内容和结构等，有效促进课程的实施，提高课程实施的效果，也旨在新课程理念的指导下，研究如何充分利用家乡非物质文化遗产资源，发挥非遗文化资源活化课程功能，使幼儿园课程实施成为面向幼儿发挥和生活的真实的教育过程。

四、相关文献研究综述

国外研究现状：从20世纪中叶开始，一些国家已经正式开始了保护非物质文化遗产的理论研究和实践工作。日本早在20世纪50年代就开始加强立法以保证非物质文化遗产得以有效的传承与发展，另外，日本政府提供强大的资金支持非物质文化遗产的传承工作。日本等国家的措施对于非物质文化遗产的传承与发展有积极的帮助，但是从教育的角度论述非物质文化遗产的传承，尚属空白。

国内研究现状：十一届全国人大常委会第十九次会议通过了《非物质文化遗产法》。此后，中国的非物质文化遗产保护工作将有法可依，文化部成立了"非物质文化遗产研究中心"，并且设立了《非物质文化遗产研究》杂志，为非物质文化遗产研究提供了平台。目前已出版的非物质文化遗产及其保护的概论性著作有：王文章主编的《非物质文化遗产概论》、向云驹著的《世界非物质文化遗产》、顾军和苑利合著的《文化遗产报告——世界文化遗产保护运动的理论与实践》、段宝林著的《非物质文化遗产精要》、刘世锦主编的《中国文化遗产事业发展报告》。这些著作主要从文化遗产的角度，在世界范围内宏观地介绍了非物质文化遗产及其保护的相关概念、内容、原则等基本常识，属于概括性介绍。综合国内外对非物质文化遗产的研究状况来看，非物质文化遗产的传承和幼儿启蒙教育的关系研究国内外尚不丰富。

五、课题研究的意义

（一）理论意义

在教育全球化的大背景下，非遗文化课程显得尤为重要，越是地方，就越独具特色，才能真正实现教育的全球化。《3—6岁儿童学习与发展指南》（以下简称《指南》），阐述了促进本土文化课程发展的重要意义。因此为了使幼儿在很小的时候就能够受到家乡非遗文化的熏陶，有必要根据各地文化发展的实际情况搜集、整理地方非遗文化资源，以幼儿容易接受的形式将地方非遗文化灵活、巧妙地融入幼儿课程体系中来，提高幼儿对家乡非遗文化的认知，鼓励幼儿不断探索并创造本土文化，提高其对本地文化的归属感。不要让现在的幼儿过度地沉迷于外来文化，而是要用家乡非遗文化来吸引幼儿，实现家乡非遗文化的传承和幼儿对文化认同感的统一。

（二）实践意义

"非遗"中有大量适合幼儿学习的内容，将"非遗"融入幼儿园的教育教学活动中，是一种富有深远意义的举措。有利于促进幼儿的认知发展，有利于培养幼儿的审美感受，有利于提升幼儿的创造能力，有利于提升教师的科研能力。

非遗文化要想更好地融入幼儿园，就要对非遗文化项目进行筛选，结合幼儿教育实际寻找非遗文化与幼儿发展相结合的良好途径，筛选出相关适合幼儿园开展的非遗文化教育的内容，把他们与幼儿园教育、教学的各个领域融合起来，实现非遗文化有效促进幼儿的全面发展。

六、课题研究的设计（目标、内容、重点与难点、创新点及研究的方法）

本幼儿园围绕立足于基于家乡非遗文化主题活动这条主线，进行探索。但是如何从实践层面推进家乡非遗文化融入幼儿园课程，这一问题不但实践者有很直接的借鉴价值而且能丰富相关理论。

（一）研究目标

主要依据《纲要》《指南》和课程游戏化倡导的新理念，在前人研究的基础上以山歌、面塑和皮影戏三个元素为切入点，围绕家乡非物质文化遗产资源进行筛选和运用有效融入幼儿园课程，进行系统研究。本研究将从理论上阐明非物质文化遗产融入幼儿园的内涵方法和改进策略，丰富非遗文化融入幼儿园课程建设的理论基础，为幼儿园提高非遗文化课程建设水平提供理论支持。旨在探索具有普适性的地方非遗文化课程，进而为完善地方课程的建设、构建园本课程体系奠定基础。

（二）研究内容

（1）探索家乡非物质文化遗产融入幼儿园课程的理论基础。

（2）分析家乡非物质文化遗产融入幼儿园课程的创新点。

（3）收集家乡非物质文化遗产融入幼儿园课程案例，并研磨、整理、完善。

（4）总结、提炼、推广家乡非物质文化遗产融入幼儿园课程开展的成功经验。

（三）研究重点与难点

研究重点：了解家乡非遗文化融入幼儿园课程的现状，找出问题并分析原因。

研究难点：基于具有代表性的非遗文化进行主题活动的设计，并进行实施，反思观察再实施。

（四）研究的创新点

在本课题研究中体现新内容、新途径、新方法。新内容即挖掘以前未被利用的内容资源、新途径即建构课题的课程研究模式、新方法即老资源新改编、老歌曲新唱法、老皮影新玩法等传统与现代结合与时俱进。

（五）研究方法

本研究主要采用问卷调查法、行动研究法和案例记录法。

问卷调查法：在活动开展前期对幼儿、家长、教师进行有关家乡非遗问题问卷的调查与统计，整理出对家乡非遗文化的认识与了解程度，为开展幼儿非遗活动提供参考依据。

行动研究法：教师在开展实践活动的基础上收集和整理素材，对幼儿的参与表现及活动开展效果进行评价与分析，及时调整活动内容，通过多次实践分析反思形成一系列的比较有价值的家乡非遗主题教育活动的内容。

案例记录法：对每个家乡非遗与主题教育的活动内容以案例的形式记录下来，通过分析交流逐步调整相关活动内容，形成较有价值的案例成果。

七、课题研究的实施

本课题研究时间为2021年5月—2022年5月，研究对象为幼儿园小、中、大班幼儿。按照课题研究计划和实际研究进程，本课题研究经历了准备、实施和总结三个阶段。

（一）准备阶段：2021年5—8月

（1）确定研究课题，拟定研究方案，查阅大量相关文献，了解国内外地方非遗文化与幼儿园课程有关的研究现状，学习相关理论。

（2）邀请县教体局教研室主任李剑开，教科长所长马先淮参加开题报告会，对课题的研究思路、方法、过程进行具体的指导。

（3）在专家的指导下，制定课题实施方案。课题组成员合理分工，明确职责。

李道玲负责：课题研究整体策划与研讨，撰写开题报告、中期报告和结题报告。

龚琳凌负责：课题研究的计划和推进情况，建构课程体系和论文汇编。

燕云霄负责：非遗文化融入课程实践活动的组织与实施、活动的策划。

周国智负责：大班组的非遗文化融入课程实践活动，问卷编写与数据分析。

刘桐言负责：中班组的非遗文化融入课程实践活动，制作主题活动思维导图。

王萍负责：小班组的非遗文化融入课程实践活动，收集整理过程材料的材料。

（二）实施操作阶段：2021年9月—2022年4月

（1）根据研究计划，进行开题论证，对本园现状进行调查，合理利用资源，制定课题研究方案，在一日活动中实施家乡非遗文化的启蒙教育。通过问卷调查的方式，对教师和家长进行家乡非遗文化教育现状进行了调研，及时掌握了家长对幼儿园开展家乡非遗文化教育的意见情况，请家长对幼儿园开展非遗文化教育提出自己的观点与建议。

（2）课题组对问卷结果进行了整理，收到有效家长问卷357份，教师问卷103份归纳相关调查结果分析如下：

基于家乡非物质文化遗产融入幼儿园课程的研究教师问卷分析
单位：%

项目	百分比
需非遗资源支持	74.76%
公办园教师	100%
对课程的把据	53.4%
找到教学方法	62.14%
幼儿乐意接受	51.46%
融入非遗课程	8.74%
融入非遗促幼儿发展	87.38%
寻课程资源困难目标不明	79.61%

基于家乡非物质文化遗产融入幼儿园课程的研究家长问卷分析
单位：%

项目	百分比
更好的传承和发扬	89.92%
带孩子参加家乡非遗活动	38.94%
认为非遗文化能够促进文化创新	88.24%
了解非遗文化关注度不高	5.6%
网络报纸杂志了解家乡非遗	87.11%

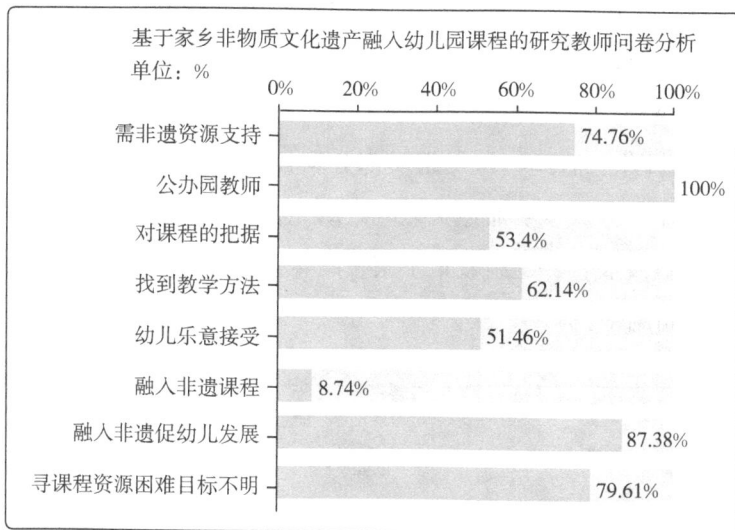

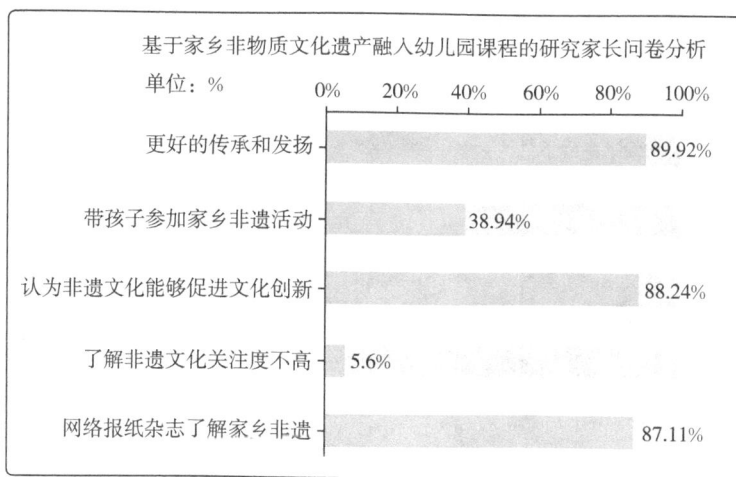

通过问卷调查，我们发现教师寻找资源目标不够明确，大部分教师对融入家乡非遗促进幼儿的发展非常支持。家长对家乡非遗文化的传承越来越重视，但是具体哪些非遗文化适合孩子，活动怎么开展等问题是家长提出的困惑所在。针对调查结果，结合幼儿的年龄特点，课题组从家乡非遗文化山歌、面塑、皮影戏中汲取一些贴近幼儿生活的文化精粹，将其渗透于幼儿园一日活动中。

（3）根据实践研究结果，构建适合各年龄段幼儿的非遗文化课程。

在课题开展过程中，我们提炼出了30多节适合幼儿年龄水平的、适合幼儿发展的家乡非遗文化活动方案，作为园本课程在幼儿园推广、使用。

（三）总结阶段：2022年5月

（1）收集整理各项资料，撰写研究报告。

（2）在项目开展后期，课题组对部分家长进行了问卷，对教师进行了访谈，内容是关于在开展家乡非遗文化融入幼儿园课程活动中教师有哪些成长？孩子获得了哪些发展？课题组收集了家长问卷168份，课题组成员问卷6份，教师30份见下分析结果：

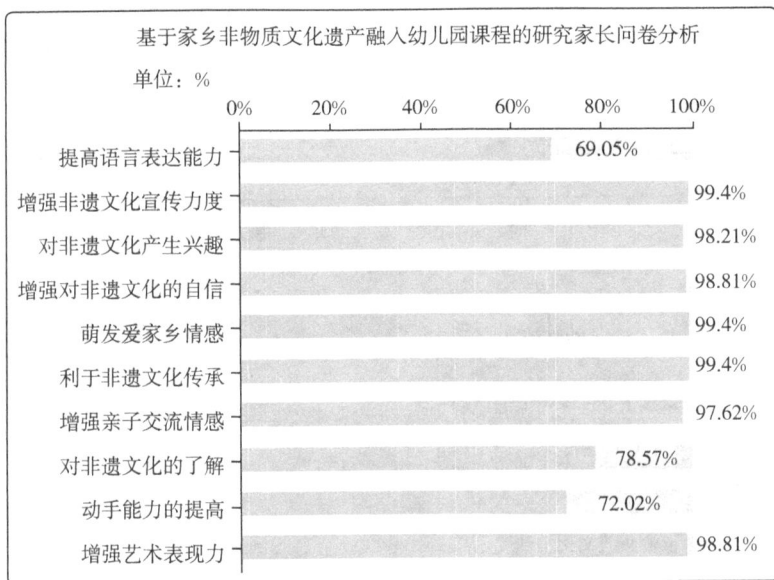

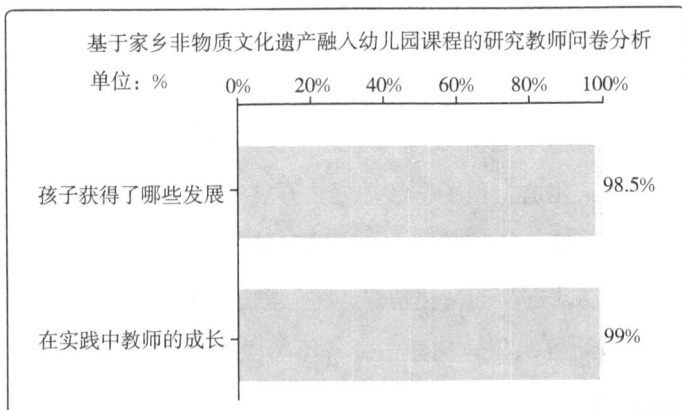

基于家乡非物质文化遗产融入幼儿园课程的研究家长问卷分析

单位：%

项目	百分比
提高语言表达能力	69.05%
增强非遗文化宣传力度	99.4%
对非遗文化产生兴趣	98.21%
增强对非遗文化的自信	98.81%
萌发爱家乡情感	99.4%
利于非遗文化传承	99.4%
增强亲子交流情感	97.62%
对非遗文化的了解	78.57%
动手能力的提高	72.02%
增强艺术表现力	98.81%

基于家乡非物质文化遗产融入幼儿园课程的研究教师问卷分析

单位：%

项目	百分比
孩子获得了哪些发展	98.5%
在实践中教师的成长	99%

通过问卷及访谈，家长和老师们都认识到家乡非遗文化是先辈们为我们传承下来的珍贵文化遗产，此灿烂的传统文化应得到重视和保护，并且在我们这一辈发扬光大。在幼儿园进行非遗文化教育受到了越来越多家长的重视和支持，对我们进行此类活动给予了很高的评价和高度的配合。一致认为对孩子的素质教育及各领域的发展都有着重要的价值和意义。

（3）课题组研究成果进行交流汇报。邀请县基础教育研究室李主任、教科所马所长、幼儿园园长胡明晓、书记许玉菊、业务园长杨永青为课题组评议专家，给予课题组最大的支持与帮助。在专家及园领导的指导下，最终形成家乡非物质文化遗产融入幼儿园课程园本课程，并在全县幼儿园和乡镇幼儿园进行交流推广和应用。

八、课题研究的主要成果

（一）传统与现代的碰撞

课题组将家乡非遗文化教育以幼儿喜闻乐见和能够理解的方式引入课程，给予幼儿美的感受与体验，播种文化传承的种子。通过查找资料，我们发现桐柏共有一百多个非遗项目，如何实施呢？

例如：皮影戏内容是孩子们不容易听懂的，我们根据孩子年龄特点改编故事情节，结合冬奥会的吉祥物冰墩墩改编成"皮影里的冬奥故事"传统与现代的碰撞，古老技艺与社会热点的结合，幼儿在这个过程中，讲冬奥故事学冬奥精神。在2022北京冬奥会上，中国奥运健儿们佳绩频传，点燃了全民对冰雪运动的热情。为了使孩子们深刻体会奥林匹克精神，感受冰雪运动带来的魅力，邀请面塑传承人徐阿姨和孩子们一起"巧手捏冰墩墩"。憨态可掬的"冰墩墩"小朋友们用自己的方式向世界展示着中国人独特的冰雪浪漫。

（二）传承非遗教师先行

"要想给孩子一滴水，教师要有一桶水，而且要细水长流！"为了更好地保护和传承家乡非遗文化，作为研究者首先要领略家乡本土资源的文化底蕴，感受匠人坚守传承的精神引入山歌、面塑和皮影戏非遗文化课程，我们和传承人一起研讨、改编、实践，共同感受着"体验、合作、传承、创新"的教育理念。 课题研究组深入到面塑馆参观请教学习，在制作面团上反复尝试在传承人的耐心指导下经过无数次的实验，光滑细腻的面团成功了。

和山歌传承人一起创编适合幼儿的歌词，结合中秋主题我们把"月儿弯弯"改为"月儿圆圆"。"月儿圆圆挂天上呀，八月十五中秋来了，亲朋好友都来了，哎哟哎哟，亲朋好友都来了。月饼味道真是好呀，馓子、琪炒端上来了，欢聚赏月好开心，哎哟哎哟，欢聚赏月好开心。""中秋节除了吃月饼、馓子、琪炒我们还吃什么食物，干什么？"幼儿自主创编例如："丰富菜肴味道好呀，苹果、石榴端上来了，一起赏月真开心呀，哎哟，哎哟，一起赏月真开心"等。与皮影戏传承人交流剧本的改编将我们遴选好的非遗资源，转化为孩子可操作、可体验的课程，结合孩子们喜爱的绘本和故事例如《小刺猬的烦恼》《小蝌蚪找妈妈》《狼来了》等适合幼儿年龄特点且是幼儿非常感兴趣的童话故事。

在深入学习交流研讨反思再提升中，我们不仅在幼儿感官艺术启蒙的敏感阶段为其打造了一场精神文明的盛宴，也凝结了老师们对幼儿年龄特征和发展阶段特质的解读和思考，体现了以幼儿为本的儿童观和生活化、游戏化、整体性的课程观。

（三）家乡非遗文化融入互动的环境中

利用充满稚气和童趣的幼儿作品来装点幼儿的生活空间，且每个空间都蕴含着浓浓的家乡非遗文化。从大厅到墙面，从活动室到走廊，从区角到楼梯间，每一处都有幼儿的巧手作品，每一处都体现教师的独特匠心。幼儿精致优美的环境艺术创作使非遗文化变得形象、生动且易于接受，成为了家乡非遗文化教育独特的"隐性课程"。例如：幼儿用面塑制作雄伟壮观的天安门主题墙，用面塑制作卡通动物的进区卡、桐柏山歌小舞台、皮影戏小剧场、皮影小匠坊、面塑坊、面塑精品屋、小超市、家乡小吃三个元素区域相融合，孩子制作的面塑作品创编故事表演，区域里还摆放一些家乡非遗山歌服饰、乐器，皮影戏道具以及民间工艺品等，活动区布置了家乡非遗传承人的照片及活动实录，幼儿感受到家乡非遗文化的浓厚，接受非遗文化的熏陶。开展互动式游戏体验符合幼儿身心发展需要的快乐而自主的实践活动。小手拉大手互动式共享游戏是园所最具特色的游戏之一，将家乡非遗文化与游戏内容有机融合到一起，打破班级与年龄的界限，突破原有的空间局限，幼儿在公共区域中混班、混龄进行游戏。在游戏化的互动共享活动中加深了对家乡非遗文化的了解，更重要的是提高了社会交往能力、合作能力、口语交流能力及解决问题能力，同时体验了劳动的快乐，培养了勤劳、不怕困难等优良品质。

（四）以家乡非遗文化教学实践为载体融入主题活动

课题组经过筛选，设计了三个传统节日的主题"浓情端午传承非遗、爱在中秋传承非遗、喜迎新春传承非遗"，制定了实施计划和三个主题网络板块，根据幼儿的年龄特点，学习规律纳入幼儿园五大领域课程并实施研究。

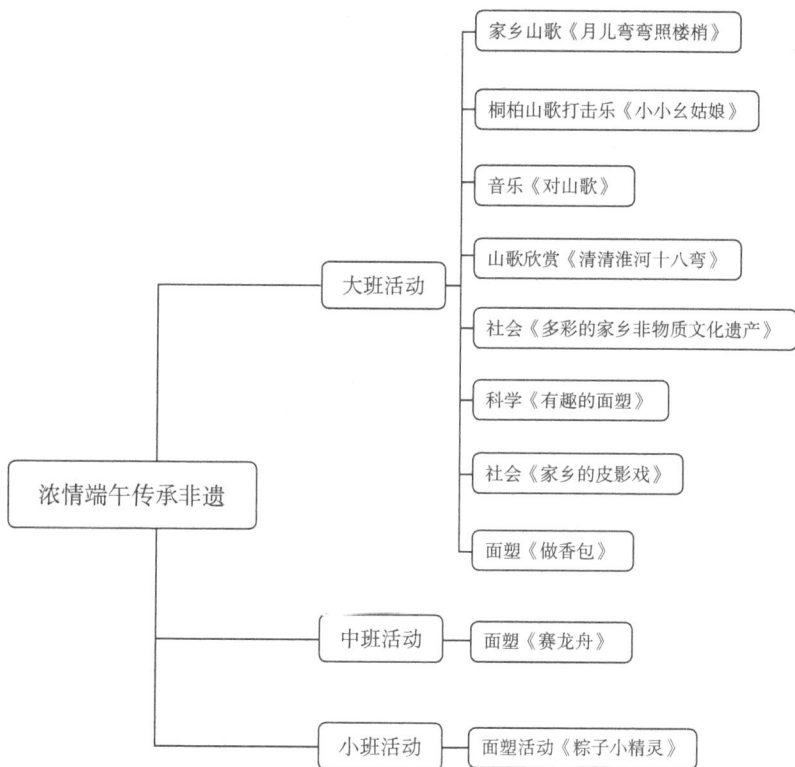

浓情端午传承非遗
- 大班活动
  - 家乡山歌《月儿弯弯照楼梢》
  - 桐柏山歌打击乐《小小幺姑娘》
  - 音乐《对山歌》
  - 山歌欣赏《清清淮河十八弯》
  - 社会《多彩的家乡非物质文化遗产》
  - 科学《有趣的面塑》
  - 社会《家乡的皮影戏》
  - 面塑《做香包》
- 中班活动
  - 面塑《赛龙舟》
- 小班活动
  - 面塑活动《粽子小精灵》

浓情端午传承非遗

面塑活动《多彩的面塑》

面塑活动《印第安面具》

音乐活动《捏面人》

打击乐活动《小小幺姑娘》

面塑活动《玉兔和桂花树》

大班

科学活动《面塑知多少》

亲子活动《爱相伴共采摘，唱山歌赞家乡》

健康活动《孙悟空大战新冠病毒皮影戏》

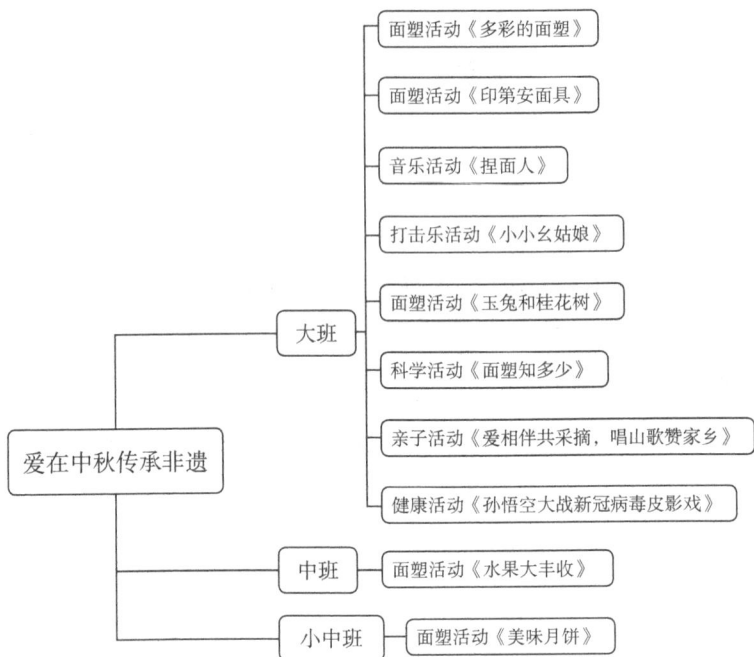

爱在中秋传承非遗

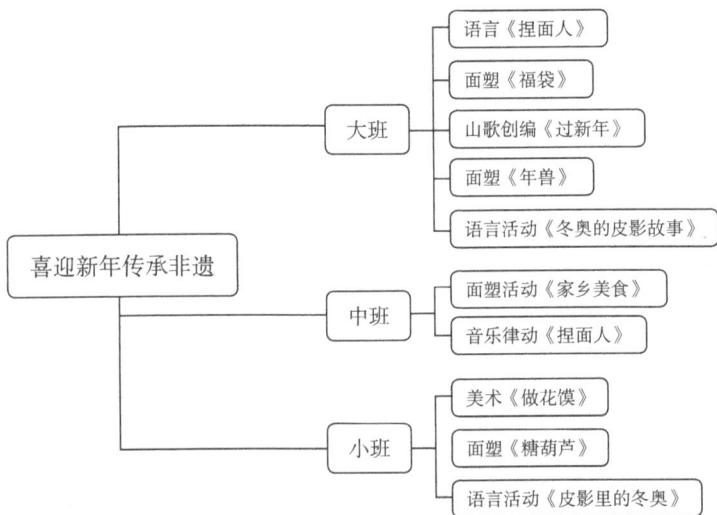

中班 —— 面塑活动《水果大丰收》

小中班 —— 面塑活动《美味月饼》

爱在中秋传承非遗

语言《捏面人》

面塑《福袋》

大班

山歌创编《过新年》

面塑《年兽》

语言活动《冬奥的皮影故事》

喜迎新年传承非遗

中班

面塑活动《家乡美食》

音乐律动《捏面人》

美术《做花馍》

小班

面塑《糖葫芦》

语言活动《皮影里的冬奥》

喜迎新春传承非遗

《3—6岁儿童学习与发展指南》提出："带幼儿观看或共同参与传统民间艺术和地方民俗文化活动。创造机会和条件，支持幼儿自发的艺术表现和创造。"由此，课题组借由元旦节庆活动契机，组织幼儿开展"萌娃传非遗，福虎送春暖——传承非遗迎新年"传统文化主题活动，既可以引导幼儿对家乡非遗文化的学习兴趣，又可以让幼儿在实际的活动中感受传统文化的魅力。在传统非遗技艺的尝试与学习的过程中，培养幼儿的动手能力、创新能力、想象能力促进了幼儿全面和谐发展。我们根据山歌《月儿弯弯照楼梢》的曲调创编山歌对对唱《过新年》如："哎，过新年来真高兴来，真高兴，敲锣打鼓放鞭炮来，放鞭炮，家乡美食甜又甜，我唱山歌来拜年来。哎，舞龙舞狮乐翻天来，乐翻天，面人娃娃笑哈哈来，笑哈哈，皮影表演真精彩，家乡非遗我传承来。"我们还创编了《新年快乐》儿歌："咚咚锵，咚咚锵，敲起锣鼓震天响。"等等，为传承家乡传统文化，面塑传承人和孩子们把面塑制作成新年礼物"福袋"，小手拉大手萌娃面塑送祝福，体验制作面塑的快乐。

充分挖掘家乡非遗文化资源，引导幼儿在具有开放性和多元化的主题探究活动中发现问题、解决问题。课题主持人李道玲老师上了一节大班美术欣赏活动"多彩的面塑"，邀请面塑传承人徐双锁老师来园与幼儿互动，幼儿不仅欣赏了传承人带来的作品，而且，她的现场制作与解答，令幼儿大开眼界，桐柏面塑是一种制作简单但艺术性很高的民间工艺品。孩子们在掌握已有面塑技能基础上认识了塑刀、磙子等工具的用途，学习了桐柏面塑中的特殊工艺和方法技能。瞧，从最简单的圆形果实，到组合造型，最后制作出精致生动的作品……让观看者啧啧惊叹。活动的开展，不仅激发了孩子们对家乡非遗文化的兴趣，还提高了幼儿的综合素质；同时也让孩子们在自己动手、共同分享中收获了成功与快乐！

周国智老师组织的面塑活动"印第安面具"把面塑与家乡生活用品葫芦瓢结合在一起表现印第安面具的方法，不同元素的视觉冲击力，给孩子们新奇的感觉，吸引他们主动去探索去尝试去表现，拓展孩子们的视野，是一个创新与突破。

我们邀请山歌、面塑和皮影戏的非遗大师现场展示传统非遗技艺，引导幼儿在与非遗大师及现场环境的互动中发现社会文化和艺术活动中的美，丰富感性经验和审美情感。原来，利用灯光照射兽皮或纸板做成的人物剪影，加以说、唱、演，就能表现出一场精彩的皮影戏呢！大班的孩子们自己制作幕布、皮影人物、设计灯光、场地布置和彩排，在一次次自主探究中明白了集体智慧和团结合作的重要性，他们不仅全面深入了解了皮影戏的历史文化，更是真正成为了课程的小主人。孩子们灵活控制人偶、变声配音、情境渲染，将"孙悟空大战病毒"剧目形象生动、惟妙惟肖地表演出来，还现场指导弟弟妹妹如何表演皮影戏，赢得了小观众的阵阵喝彩。

（五）非物质文化遗产实践活动中家长和社区作用的发挥

1. 家园合作

家长是幼儿的第一任教师，要充分发挥其作用，家园双方朝着"一切以幼儿的发展为本"的目标，共同携手努力。例如开展面塑制作"好吃的馒头""饺子""月饼"等亲子活动，这既能够增加家长和孩子之间的了解与沟通，又能够让孩子积极投入，巧手做月饼一起迎中秋，感受浓厚的中国传统文化，在活动中收获快乐与成长，孩子们在制作月饼、分享月饼的过程中，锻炼了他们的动手能力、提高了生活技能，体验到了自己劳动的快乐，感受到了浓浓的节日氛围。在农民插秧时节我们开展了"以爱相伴快乐成长"家委会亲子活动，和山歌传承人罗静阿姨到田间地头体验劳动的场面，欢乐的气氛中家长、孩子、老师与传承人对歌，悠扬动听的山歌，在田野间回荡，呈现一片美丽的画卷，在真实的情景中，家长、孩子收获快乐。

2. 社区合作

人是社会中的人，人的成长正是在社会中不断由自然人成长为社会人的过程，社区资源的作用不可替代。家乡非遗文化课程融入幼儿园课程需要联系社区，发挥社区的优势，促进幼儿的全面发展。例如，县里组织非遗展演我们家长老师孩子去观看，邀请皮影戏传承人来园演出，组织幼儿到面塑馆参观。

利用山歌传承人的家长资源，指导山歌的技巧，让孩子真正感受原汁原味的民间非遗文化，激发内心情感。除了让社区人员"请进来"之外，幼儿园还可以主动"走出去"，充分利用周边社区的资源，通过看一看、走一走、摸一摸、听一听亲近周边社区非遗文化，非遗文化墙，观看"阿罗说非遗"平台，了解更多的非遗知识。

（六）提升教师对家乡非物质文化遗产融入幼儿园课程的科研能力

课题研究促进教师的自我反思和科研能力，通过不断的反思，对教学行为进行分析和处理，不断提升自身的教学经验，形成自身独特的教育方式，进而提高教科研素养。吸取吸收引进先进教育理念，并融合应用。理论与实验得到了提升。

课题组撰写与课题相关的论文10余篇在期刊杂志发表，《基于家乡非物质文化遗产融入幼儿园课程的实践策略》《浅析幼儿园面塑活动的开展》《家乡山歌融入幼儿园课程策略》在2022.2中国教工第72卷第4期发表，《"核心素养"理念指导下的桐柏文化课程开发实践与思考》发表在2022.3核心素养基于学科的思考与实践一书中，《如何用地方山歌促进幼儿自发性歌唱》《地方皮影戏融入幼儿园课程》在2021年11期中国教师发表，《皮影艺术在幼儿园游戏中应用与传承》《地方非遗面塑与幼儿美工课程的融合探析》在2022教师周刊19期发表，《畅响山歌，相约非遗》《非遗文化融于幼儿园课程研究》在教学与研究2021年6月和11月发表。

研究课题与教学成果：2021年9月李道玲带领课题组成员研究的课题"家乡民俗文化在幼儿园大班主题活动中的实践研究"获市级二等奖，同时"本土文化融入幼儿园课程资源的开发研究"获市教学成果二等奖。

教学实践优质课：李道玲组织的大班音乐活动桐柏山歌"月儿弯弯照楼梢"获县优质课一等奖。成员组织教育案例分析优质课竞赛获奖市级一等奖，组织的大班音乐活动："捏面人"，桐柏山歌"小小幺姑娘"，中班美工活动"美味月饼"，大班音乐活动"对歌"，大班幼儿手工活动"印第安面具"均获园级优质课奖。

获得荣誉：李道玲获市"教育世家"，龚琳凌获县学术技术带头人，燕云霄获县级优秀班主任，周国智获省学术技术带头人，刘桐言获市优秀班主任和桐柏最美教师，王萍获县级名师。

九、课题研究的社会影响

课题主持人李道玲老师组织成员与山歌、面塑、皮影戏传承人研讨筛选创编适宜的课程，把实践与研讨活动以文字视频图片等形式分别在微信公众号、新浪博客和抖音平台发布，让更多的人了解家乡的非遗文化。同时，主持人在全县开展非遗文化融入幼儿园课程经验交流与分享，成员每人开展4次家长座谈会，2次经验分享。

名师工作室主持人李道玲老师承担省名师省骨干教师培育对象培训任务，开展"相约云端共成长"网络直播活动，李道玲老师分享的主题是"家乡非物质文化遗产融入幼儿园课程研究"，实践案例"多彩的面塑"大家受益匪浅，在研讨中提升，各自撰写2000字以上的研修心得和感悟，对地方非遗文化融入幼儿园课程起到了借鉴作用。

十、课题研究的主要结论

经过一年的课题研究达成了共识与结论，在实施家乡非遗文化融入课程的过程中，也会发现许多不完善的地方存在。我们认为能善于发现问题及矛头，不避讳不忽视自身缺陷；善于分析问题解决问题，在实践中改进在改进中提升；突出了五个创新研究模式，在稳中求进在进中求异，提高课题研究的有效性，使课题研究更有活力和生命力。

（一）创新课程资源筛选，营造科研氛围

在内容筛选上，我们遵循三个原则：一是体验性原则，把抽象的知识，以生动形象的方式传达给孩子，最大程度地提供环境和材料的支持，孩子在体验中逐步形成积累经验。二是遵循发展性原则，找准孩子的最近发展区，引导孩子从现有水平向更高水平发展。三是遵循趣味性原则，将孩子感兴趣的内容生成课程，激发孩子的兴趣，让他们积极主动地投入到各项主题和系列活动中，兴趣盎然，积极主动。同时，老师们也树立了"教师即研究者"的思想，在教育实践中潜心钻研，采撷科研硕果。

（二）创新实践成果，提升融入课程质量

一是将研究成果转化为可视、可用、可借鉴的园本资源，方便教师随时提取使用；充分的根据孩子的年龄特征，兴趣爱好，以及非遗的文化资源等实际情况，尽可能地让孩子去感受，体验以及动手操作，将我们遴选好的非遗资

源，转化为孩子可操作、可体验的课程，

二是通过观摩、实操，将非遗文化融入幼儿园课程成果作为模板、范本，加以推广和应用。例如：创意面塑，捏出幼儿喜欢的故事情节，结合10月1日祖国妈妈的生日，小朋友用灵巧的小手装扮蛋糕，为了庆祝2022年北京冬奥会，我们科研组与传承人和孩子们共同制作了冬奥主题面塑，将雪车、自由式滑雪、花样滑冰、冰球、冰壶、钢架雪车等项目的精彩瞬间定格，将地方文化元素、奥运精神和"未来感"巧妙融合。根据山歌旋律曲调创编歌词，制作与歌曲相匹配的PPT课件、图片加上生动形象的肢体动作，孩子易理解。皮影戏融入疫情防控故事，冬奥故事，孩子们喜欢的卡通故事和童谣等。

而且我们开展的方式也是多种多样的，比如有：主题活动、区域活动、生活活动、亲子活动以及社会实践活动等，在实施的过程当中，我们打破了原有的知识体系，将课程内容，跟孩子的生活经验统一起来。在这里他们不仅是非遗传承人，家长、老师在与孩子的互动交流中促进了孩子对文化的理解和认识，从某种意义上，他们都是新一代的传承人。

"他山之石为我所用"，我们认为家乡非遗文化融入课程要发挥教师最大的创造能力，让教师想研、乐研、爱研。不仅要借鉴其他园所的优秀经验，还要立足实际，创新地方的特色研究模式，让课题研究真正"动"起来、"用"起来、"活"起来。促进了教师专业成长，提升教师的水平和能力，提高教育教学质量。

（三）创新研究模式，拓展课题研究的思路

引导创新模式，我们邀请家乡非遗传承人参与到我们的课题研究中来进行技术请教，我们走出去向专家学习先进的理念，开阔眼界、拓展思路。与传承人共同研讨—改编—研磨—再研讨—再改编—再研磨。观察记录、分析、反思，形成具有地方特色的非遗文化课程。依托课题研究，让参与课题研究教师发挥主观能动性，在参与课题研究的过程发现自身价值，提高自身素质，构建和谐、互学、共享的学习氛围。

（四）创新活动组织形式，凸显地方非遗特色

活教育就是把大自然、大社会当作活课程、活教材。陈鹤琴说："书本上的知识是间接的知识，要获得直接的知识，应该向大自然、大社会去探讨。"我们带孩子们到户外开展非遗传统运动会、亲子制作皮影比赛活动、亲子山歌对唱、猜非遗擂台赛。通过山歌采茶户外亲子活动，亲子山歌对唱和户外亲子插秧对山歌等，我们用孩子的视角去感知家乡非遗的欢乐。给予孩子们更多的是文化的传承，让家长和孩子们感受家乡非遗文化，激发热爱家乡的热情。了解传统文化，体验非物质文化遗产；结识新的朋友，增进亲子关系，陶冶情操。

（五）创新共同体交流作用，提升课题研究效应

通过开展"名师"培养工程平台，形成城乡发展共同体，主持人在不同地区开展线上线下讲座和学术报告，把家乡非遗文化融入课程的精品案例交流分享成果。在学习中促进交流，在交流中改进，在实践中完善成果。

十一、研究中存在的问题

（1）在下一步的研究工作中，我们将和教师们一起进一步加强园本研究，为幼儿提供更多机会和活动平台，扩展幼儿视野，激发探究兴趣，更深层次了解家乡非遗文化的魅力，使家乡非遗文化的种子在幼儿心中生根发芽，得以传承。

（2）进一步提高家长对家乡非物质文化遗产融入幼儿园课程的重视，促进家园合作，使家乡非遗文化与幼儿园课程更好地融合。

十二、未来的努力方向

"路漫漫其修远兮，吾将上下而求索。"结题只是我园科研工作的转折点，通过对"家乡非物质文化遗产融入幼儿园课程"的研究，使我们的视野更加开阔、理念更为先进，也促进了我园在教育教学方面质量的提高。我园的教师们将继续学习、努力探究，进一步完善教育科研工作，让我们的课题探索之路越走越远，一路芬芳！

参考文献

［1］虞永平.文化、民间艺术与幼儿园课程［J］.学前教育研究，2004（1）.

［2］王丽玲，魏浩武.中华优秀传统文化融入幼儿园教育的实践探索［J］.
新课程研究，2019（11）.

［3］赵明.幼儿园特色主题活动设计与实施［M］.北京：中国轻工业出版
社，2017.

［4］管晶晶.中华传统文化在幼儿园课程中的应用状况研究——以山东省
省编教材为例［D］.济南：山东师范大学，2017

［5］林兰芳.在幼儿园教育中渗透本土民俗文化的实践与思考［J］.试题与
研究（教学论坛），2019（19）.

［6］李季湄，冯晓霞.《3—6岁儿童学习与发展指南》解读［M］.北京：
人民教育出版社，2013.

［7］朱家雄.幼儿园课程［M］.上海：华东师范大学出版社，2003.

［8］张振平.巧用本土文化渗透教学活动［J］.中国科教创新导刊，2007
（18）.

［9］教育部基础教育司.《幼儿园教育指导纲要（试行）》解读［M］.南
京：江苏教育出版社，2002.

第二篇

论文集萃

带着童心走近孩子

带着童心走进孩子的世界，那么你将是一个让孩子喜爱的老师。从事幼教27年。工作经验直接告诉我：在我心中最好的幼儿教师应是"永远别把自己当老师，而是把自己看成孩子的朋友"。

一、走近孩子抓住随机教育的契机

幼儿的成长离不开教师的引导，教师的成长离不开专业知识的引领。每一个孩子都是一个与众不同的言语生命，我们要学会倾听孩子们的每一个问题，每一句话语，善于捕捉每一个孩子身上的思维火花。在认真学习《指南》的过程中，我也在工作中不断地探索、实践、反思，用爱心、耐心关注幼儿的细微变化，倾听幼儿的内心。例如：中班幼儿加点吃香蕉时，我发现乐乐第一个吃完，手里拿着香蕉皮捏来捏去，试图想做点什么？我轻轻走到他身边，笑着说："你是想用香蕉皮变魔术吗？"在我的提示下，他很快把香蕉皮撕成一条一条，变成了小花，接下来其他小朋友也在变了，小草、香蕉皮帽子、风车等，一会儿工夫变成了各种各样的香蕉皮玩具，我和孩子们一起用手指转着、玩着、唱着、笑着开心极了。第二天，又到加点的时候了，吃橘子，橘子皮又成了孩子们的创意玩具，一会儿变成笑脸，一会儿变成夸张的人头，还有不同的造型等。生活中有很多变废为宝的东西都可以去挖掘，主要看教师怎样去看待，如果很好抓住契机幼儿会受益匪浅，孩子的创造力、想象力会更丰富。

二、尊重孩子的奇思妙想

幼儿作品

　　德国教育家第斯多惠说过，"如果使学生习惯于简单的接受和被动的学习，任何方法都是坏的，如果能激发学生学习的主动性，任何方法都是好的"。这句话尤其适用于幼儿的学习与发展。例如：我在大班第一次画的水粉画是苹果，我先让孩子欣赏各种水粉画的课件，感受它的色彩美，然后大家讨论分析苹果的画法与技巧，我问孩子们，"怎么能使画面更生动漂亮？"幼儿说："画上眼睛、胳膊和腿。"幼儿开始作画了，我没有提供范画，只要求根据自己的想象作画，尽量按自己的想法作画，我在巡回指导中发现强强把苹果画得特别小，这时他的表情特别难看，只听到华华说："老师你看他的苹果。"我笑着说："没关系，你也可以画多彩的苹果呀。"在我的提示下，他用红色圈着黄色的圆，加了一层格外好看，他看不圆在旁边又涂上蓝色，彩色的苹果画好了，这时郭炎瑞小朋友说："老师我们可以画苹果房子吗？"我鼓励她说："你的想法很有创意。"只看她还在苹果房子上方添上烟囱，这时，我听到有哭声，转脸一看是王一迪小朋友，她说："张喆把我的画弄脏了。"我说："你动动脑筋想办法把它变成背景的图案不也挺好吗？"于是，她在画面上点了许多点，又是一幅动感的画面，这次的画给我一个意想不到的收获，我把画挂在展板上，孩子们相互欣赏着各自不同的画面，简直像动画片里的水果联盟。如果对幼儿进行千篇一律的训练，或者临摹老师的范画，只能扼杀孩子的想象力与创造力。由此可见，《指南》带给我们教师的启示是多么的重要，每个幼儿心里都有一颗美的种子，看你怎样去经营这颗种子，幼儿艺术领域的学习关键在于充分创造条件和机会，教师是孩子的引导者、支持者，《指南》是我们工作中的灯塔，指引着我们，让我们不会再迷失方向。

三、在幽默中分享快乐

罗曼·罗兰说："要撒播阳光到别人心中，总得自己心中有阳光。"是的，追求快乐是人的本性，自己心中有阳光才能给孩子带来阳光。一天中午，幼儿午休时，有几个幼儿在卫生间假装小便，几个人围在一起大声地谈论着，我走过去亲切地问："你们在讨论什么秘密呀？"幼儿先是一愣，继而一阵嬉笑，去准备睡觉了。又如：亮亮小朋友，在活动中随便说话不认真听讲，我走过去假装摸摸他的小脑袋吃惊地说："哎哟，小耳朵飞到哪里了，是不是忘在家中的柜子里了。"孩子下意识地去摸耳朵，然后突然醒悟过来，接着便开始认真听讲了。这样，老师避免了直接的批评，而是以幽默温和的口吻使幼儿在笑声中明白老师含蓄表达的意思，愉快主动地接受老师的批评，及时调整自己的不当行为。又如在玩游戏"猪尾巴"时，我引导孩子们幽默地说："你的耳朵上长的有眼睛吗？你的胳膊在头上跳舞吗？你的嘴巴长在肚脐眼上吗？"幼儿总是笑得前仰后合，玩得非常开心，每当我和孩子们一起游戏，他们总是迫切要求老师再玩一遍，有时我和孩子们玩一些滑稽动作的游戏，例如：创编的即兴游戏"小小儿童团抓特务"，我和孩子们商量用一次性的方便袋子给特务做成简便的帽子，用纸卷个筒当手枪，孩子们百玩不厌。一天，喝完牛奶，自由活动时间，好几个幼儿都爬到桌上，老师没有生硬制止，而是幽默地说："小淘气们，快下来，要不小桌子生气了会把我们砸伤的。"听老师这么一说，孩子们马上笑着爬下了桌子，老师的话使幼儿的"违规"行为在笑声中消失，因为孩子更乐意接受寓于幽默的劝导，老师的幽默也使师幼关系更加融洽。教师可让幽默活动在幼儿园教育活动中占有一席之地，如利用一些闲暇的时间，教师或幼儿轮流讲一些幽默的故事，进行"说与做的不一样"的游戏，等等，这些活动充满趣味性，又有一定挑战性。走进孩子的童心世界，在幽默风趣中共同成长，带给孩子的不仅是美的享受，而是快乐。

活动剪影

（原载《当代幼教》2015年第3期）

阳光辐射显真情，教研帮扶促交流

国务院《关于当前发展学前教育的若干意见》中指出："学前教育是终身学习的开端，是国民教育体系的重要组成部分，是重要的社会公益事业。"习近平总书记在考察扶贫开发工作时，专门讲道："治贫先治愚。要把下一代的教育工作做好，特别是要注重山区贫困地区下一代的成长。"可见扶贫教育的重要性。

作为一名中原名师的我，以名师工作室为依托，促进我县城乡幼儿园教师间的相互交流、实现专业同步发展。我们的家乡桐柏有着丰富的文化内涵和地方文化特色，教师在不断研磨中取得了一定的成果，向全县幼教同行以及家长展示，辐射引领教师向课程生活化，课程游戏化迈进，让教育回归生活，把游戏还给幼儿，促进教师的专业成长。

工作室把教师培训实践中的教育理念课堂教学技能和教学睿智纳入重点，把集中培训和平时的网络学习相结合，引领老师树立终身学习的信念，成为自觉学习者，采取了一种以教师主动学习为基点的参与式培训方法，取得了比较好的效果。具体做法主要包括以下几方面内容。

一、参与式理论培训

教师培训是教师职业生涯中一个永恒的主题。怎样满足教师自我提高，自我发展的内在需求？怎样为教师的专业发展提供帮助？应当成为幼儿园管理者经常思考的问题，在教师培训这个问题上也不例外。因此名师工作室更新培训的理念，认识到培训工作不单单是让教师教好孩子，为园所的发展服务，同时还要为教师服务，为他们的个人专业发展"培土施肥"，让教师与孩子双向成长。不是单单是理论上的指导而是参与体验更为重要，站在教师的角度知道他们需要什么？缺什么？量体裁衣我们采取了体验式培训，让教师能够参与实践互动，实实在在地学，把理想性的东西变为实践，督导指导实践树立教师的自尊心。一是理论学习与专题讲座，二是案例研讨与专题研究，三是经验交流与推广，四是归纳、总结与反思。以"如何开发乡土课程"为例，首先组织教师学习乡土课程的相关理论，了解乡土课程的含义、构成要素、构建策略及实质意义等；接着以某农村幼儿园开发乡土课程为案例，引导教师对该案例进行剖析和反思，使教师在参与过程中潜移默化获取、内化蕴涵于其中的教育科学理论专业知识和实践知识；再有计划地组织教师结合自己在开发乡土课程中存在的问题、实施的策略等进行相互交流和讨论；最后，在此基础上进行归纳和总结。

二、送教下乡现场观摩

以本土文化课程资源开发为例：怎样挖掘我们身边的教育资源？如何实施？培训前名师工作室收集大量资料、进行访谈、问卷调查、无数次地研磨形成经验集，在全县开展具有家乡乡土气息的园本课程展示，活动围绕《纲要》提出的五大领域教育目标和《3—6岁儿童学习与发展指南》提出的学习与发展目标，结合幼儿发展需要及园所教育价值取向，借鉴了多元创意课程的主题设计框架，进行了全面改编和再造。

如：名师现场授课。中原名师李道玲老师组织大班社会活动"家乡的皮影戏"和名师工作室成员周国智老师组织大班美术欣赏活动"有趣的根雕"，邀请艺术大师走进幼儿园，让幼儿身临其境亲自体验，让孩子了解家乡的文化。挖掘家乡的教育题材，把这些人类忘掉的宝贵财富展现在孩子们面前，对全县民办园、乡镇园的幼教同行以及家长代表进行交流展示，培训后跟踪指导交流，真正实现培训的意义，让教师受益。

中原名师李道玲组织大班社会活动"家乡的皮影戏"

周国智老师组织大班美术欣赏活动"有趣的根雕"

三、研课互动

受农村传统意识的影响。加之长期处于交通和信息交流条件偏远的地区，许多农村教师相互交流较少，也缺乏交流互动的意识。因此在参与式培训中，为了提高教师的教学水平，通过采用园内研讨、园外观摩、向同事和同行学习等方式，一方面发挥园内同伴互助的作用，另一方面，帮助教师在与园外同行的合作交流中共同发现问题、分析问题、解决问题。从而持续激发教师的主动性和创造性，促进其专业发展。方法是：下乡互听、互评，听乡镇园课，现场解答。

乡镇教师组织的活动：大班体育活动"好玩的气球"

大班社会活动"划旱船"

大班科学活动"桐柏豆筋"

课后教研交流活动

　　乡土课程吐芬芳，引领学前再发展。通过培训观摩，不仅展示了桐柏厚重的文化艺术底蕴，还为众多同行们提供了相互交流，取长补短的机会，有效搭建了乡镇幼儿教育联系的桥梁，充分发挥了我县名师工作室的专业引领、业务扶持、信息交流、资源共享等作用，提高了教师的专业素养，推动了乡镇幼儿园课程改革深化发展，实现了资源共享、优势互补、共同提高。

　　帮扶送教活动为乡镇教师送去了新的教育教学理念和先进的教育教学方法，让忙碌的教师们足不出家门就能感受名师风采，学习驾驭课堂的经验，提升教育教学技能，为农村教师专业成长搭建了学习平台，达到了对乡镇教育的精准帮扶。

幼儿园环境创设渗透红色文化教育

在新时代背景下全国上下都在倡导红色文化的传承，习近平总书记多次指出，"要把红色资源利用好、把红色传统发扬好、把红色基因传承好"。而我们桐柏是革命老区，丰富的红色文化资源是促进幼儿发展的鲜活教材。红色文化教育应从娃娃抓起，环境对幼儿的发展具有不可忽视的重要作用，在幼儿园开展红色文化教育过程中，首要的问题就是必须为幼儿创造一个良好的红色文化教育环境。因此，我园紧密结合课题在开展红色文化教育过程中，根据幼儿年龄的特点，为幼儿创设与本土文化和红色文化教育相适应的环境，把家乡文化与红色文化精品，有机地渗透到环境创设中，并充分发挥其教育作用，促进幼儿的发展。

一、创设育人的"红色文化"环境

从幼儿园大环境和班级主题环境的创设入手，让幼儿在参与环境创设和与环境的积极对话过程中，加深对红色文化的体验，自觉规范和自然养成良好的品德行为。

1. 整体环境的营造

以课题"利用红色文化促进幼儿社会性发展的研究"为主旋律，幼儿园的整体环境设计，着力体现本土红色文化和红色文化教育，幼儿园每一楼层一个主题，例如，爱国主题：整个大厅以大小不一的双面立体红星星吊饰，上面呈现的是英雄人物的画面，楼梯转台处有立体画面的少年小英雄。粉红色的杜鹃花围绕在国旗的周围，置物架上陈列军帽、草鞋、马灯、望远镜等，孩子们一进入幼儿园首先就有了视觉上的愉悦体验，在心理上满足暗示："我是红色根据地的小朋友，我是一名小小解放军和小小儿童团。"

在幼儿园公共区域的创设上，我们也将课程特色规划到环境创设中去。如幼儿园上下楼梯的走廊，我们把它布置成"桐柏英雄长廊"，里面又包含多个版块内容："红色革命纪念馆""红色遗址""桐柏文化""桐柏皮影戏"等。同时我们还为孩子们设置了"学军器械"专区，为锻炼孩子的体能提供系统化、趣味化的设施。总之，幼儿园的整体环境充分体现了环境为课程服务，环境追随幼儿发展的教育理念。

2. 班级环境的创设

在班级环境的创设上，更多体现了教师、幼儿、家长共同参与创设环境，体现环境与幼儿积极对话的教育理念。班级环境创设主要分为墙面环境的创设和区域环境创设两个方面。

语言区里的小小红色故事会

3. 主题环境创设

根据季节进行变化，例如：三月文明礼貌月，文明礼仪伴我行——学习军人和英雄的光荣传统，文明用餐光盘行动，爱护环境等。十月爱国主题教育"红色文化主题活动"，幼儿园定于每年十月作为"红色主题活动"月，每年召开一次"红色主题文化节"，这一特色在不断实践的过程中走向成熟。许多教师在红色主题教育的实践与研究过程中，初步具备了自主开发课程的能力，同时也提升了实施课程的能力。

红色文化主题节："中国梦　童年梦"幼儿运动会

美工区：小雷锋志愿者——奶奶你请坐

二、促进了幼儿道德品质的多元化发展

红色主题教育对幼儿道德品质发展的影响是多元的，有基本的爱国主义思想的启蒙，也有道德认识、道德情感上的提升，更多的则表现在行为习惯上的变化。比如幼儿在升旗仪式上的表现，对英雄人物的认识等各个方面，我们可

以感受到，红色主题教育正逐步引领着幼儿内在的变化。同时，孩子们的良好行为习惯正逐步养成，生活自理能力不断提高。在日常生活中，能够承担一定的任务，愿意为他人服务。在家庭中，幼儿娇气任性、依赖成人等现象也有了一定程度的改善。

我帮奶奶提包裹

学雷锋爱劳动

国旗下成长的孩子

幼儿天真、活泼，他们早期性格与习惯的形成，是与环境有着密切联系的，幼儿生理上的弱性，决定了他们对环境的依赖性；幼儿行为的可塑性，决定了环境作用的广泛性；幼儿身心发展的特殊性，决定了为幼儿创设良好教育环境的重要性。

一个温馨、优雅、舒美的环境，一个与教育相适应的良好环境，不仅达到了对幼儿心灵塑造、情感倾注的目的，同时，为培养新时代的创造性人才，打下了良好的基础。

三、环境创设要体现"以幼儿为本"的原则

《指南》中"以幼儿为本"的教育理念主要包括以下几个方面内容：尊重幼儿学习与发展的权利；尊重幼儿主体性；尊重幼儿的发展规律；尊重幼儿的学习方式与特点；尊重幼儿的经验；尊重幼儿的个体差异；尊重幼儿童年生活的经验。

教师必须注意：

（1）幼儿是环境创设的主角。A内容必须是幼儿感兴趣的；B内容要与幼儿当前的学习活动紧密结合，满足幼儿获取经验的需要；C始终有幼儿参与，特别是主题墙的创设。

（2）注重幼儿参与环境创设过程的体验。环境创设的目的是引发和支持幼

儿与周围环境的积极作用，思维和创造的发挥。在环境创设中，教师不要把精力放在怎么布置，我想怎样创设上，而要将精力放在"我怎样引导、支持幼儿参与？幼儿怎样参与？我能提供什么？"上。这种参与是教师有目的、有计划遵循幼儿年龄特点，组织幼儿参与设计，参与收集和准备材料，参与布置，参与管理的过程。

（3）教师所投放的环境材料必须有利于幼儿与环境的互动，对话环境要具有可操作性，让幼儿利用环境进行主动活动，环境要具有问题性，对幼儿学习产生一定的刺激，材料与作品必须是幼儿感兴趣的，能激发幼儿主动交流的（如幼儿作品）。

"我爱爸爸"作品

丰富的绘画工具和材料

幼儿创意作品：学雷锋送伞乐和好朋友等等

四、环境创设要体现幼儿在园学习活动的痕迹

马拉奇说："我们学前学校的墙壁会说话，也有记录作用，利用墙壁的空间暂时或永久地展示幼儿或成人的生活。"在瑞吉欧教师的眼中，环境就像一个"会运动的生命体"，和幼儿的身心发展一样，它是随幼儿的心智变化而改变，这就要求幼儿能与环境材料进行"对话"。环境创设可以从哪些方面体现幼儿在园学习活动的痕迹：环境创设追随主题，支持主题的开展，环境创设与日常行为习惯的培养相结合。环境创设与幼儿知识、技能学习紧密结合应注意的问题：①主题环境要具有阶段性（逐步投放）；②主题环境要具有连续性；③环境要具有易变性（投放实物）。

在新时期，如何实践红色文化精神，是我们需要解决的新课题。

红色文化所蕴含的精神是永恒的，幵拓创新、自立自强、艰苦奋斗、独立自主等，是祖国的传家之宝。但是，由于革命战争时期的事件、战役等毕竟离我们现在的生活比较遥远，所以在传承和发扬红色文化的过程中，幼儿教师和家长一定要注意把红色文化的教育与幼儿的现实生活和已有经验结合起来，根据幼儿身心发展的特点来进行创新，用适合儿童理解和接受的方式来进行教育教学活动，且重点放在幼儿情感的熏陶上。例如在活动室里，当孩子们端坐着听教师神情严肃地讲述邱少云、董存瑞等英雄的故事可能有点枯燥，我们教师就应及时调整方法，可利用多媒体、环境创设等手段模拟一个"真实情境"，让幼儿们在"身临其境"中感受和体验当时的状况，并通过角色扮演等开动自己的脑筋，想想怎样用现代的方法来解救英雄和完成任务，这样的创新不仅让幼儿了解和体验红色文化，还能把以前的事件和现实生活结合起来，培养幼儿爱思考和解决问题的能力。小朋友们听得聚精会神，津津有味，对游戏小英雄们产生了深深的崇拜之情，还纷纷表示要向那些小英雄们学习，争当时代小英雄。

红色文化在幼儿教育中的创新

游戏：战斗小英雄

在环境创设中，我们要能与时俱进，时时更新环境的布置，做到让孩子参与进来，与所学所得相结合的基本理念，那么环境的创设才能做到真正的以人为本，人景和谐。

总之，红色文化是社会主义核心价值体系的重要内容之一，承载了我们这个时代需要的民族精神、革命精神。幼儿教育是基础教育的基础，红色文化教育应从基础抓起，通过选择适宜的课程内容和环境创设，运用适合于儿童身心发展的教育方法，让红色文化教育穿越时空，在儿童身上获得恒久的生命力。

五、结束语

"创设丰富的教育环境，合理安排一日生活，最大限度地支持和满足幼儿通过直接感知、实际操作和亲身体验获取经验的需要。"让我们更新环境创设理念，让幼儿成为环境创设的主人，真正实现环境与幼儿间的互动对话！

参考文献

［1］上海市教委教研室.幼儿园课程园本化理论与实践的研究［M］.上海：上海教育出版社，2004.

［2］江虹.幼儿园国防教育的理论与实践［J］.新课程研究（下旬刊）2009（9）.

［3］佚名.幼儿品德教育之我见［EB/OL］.http：//www.docin.com/.

［4］教育部基础教育司.幼儿园教育指导纲要（试行）解读［M］.南京：江苏教育出版社，2002.

运用独特的风格优化班级管理

日常活动幼儿养成良好习惯

幼儿园班级是对3—6岁的幼儿进行保教活动的基本组织单位，是以一日生活基础作整体安排的，幼儿一日生活又涉及生活与教育诸方面，包括来园、晨检、早操、游戏、体育、午睡、盥洗、餐点、劳动、娱乐、户外活动、自由活动、离园等，所以在幼儿园班级管理工作中要把保护幼儿生命和健康放在工作的首位，以游戏为主要活动，为幼儿的一生学习打下良好的基础。那么怎样做好幼儿园的班级管理工作呢？

一、加强理论学习，提高科研水平

作为班主任，要能敏锐地发现班级管理中存在的问题，并能分析问题存在的原因，找出有效的解决问题的方法。要增强学习管理理论的意识，提高管理理论水平。首先把学《3—6岁儿童学习与发展指南》，学习幼儿园规程、纲要放在首位，然后，外出学习聆听专家讲座，提升理论水平，细化班级管理，还要利用空余时间多看专业方面的书籍，在互联网上获取幼儿教育方面的知识，争取更多的机会和同行一起探讨幼儿教育，以此来了解当前幼儿教育的新动向、新理念和新观点。所谓"活到老，学到老"，只有不断加强学习，才能拓宽视野，丰富内涵，开阔思路，从而在实际班级管理过程中游刃有余。在新理念下开展幼儿园班级管理策略的研究，制定班级教育教学计划，制定班级管理制度、一日活动细则、区域活动目标等。

二、营造温馨、和谐、开放民主的班风

"火车跑得快，全靠车头带。"一个班级就是一个整体，班级的管理是很重要的环节，班主任如何演好这个双层的主角，它既是教师对教师的管理又是教师对幼儿的管理，要当好班主任，就要处理好与配班教师、保育员、家长之间的关系。充分调动他们参与游戏、学习、共同教育的积极性，形成教育的合力，这样才能尽善尽美地完成好班务工作。班主任说到底，就是做人的工作，与人和睦相处而且能促使整个团体通力合作。例如，在与其他老师和家长沟通时，要用最真诚的心与他们交流、沟通，同时还要讲求方法和技巧性，对别人的不足，用先扬后抑的方式提出，可能的话，可以用开玩笑的语气提醒对方。尊重对方的感受，我们之间的沟通才能做到更有效。又如，班主任要学会关心他人，重视运用自己的非权力性影响力，即运用自己的正直无私、坦诚宽容、平易近人等人格力量，以自己良好的素质和修养，加上与班级成员之间的感情互通，使大家彼此间产生敬佩感、信赖感、亲切感，相互以情感人，把班集体建立成一个温馨、和谐的小家庭。

班级管理者必须由权威观念向服务观念转换。传统意义上的班主任是管理整个班集体的权威，所有班级的一切活动计划、活动安排、活动规则都由班主任一个人制定，配班教师、保育员、孩子和家长都要听从安排，被动的配合开展活动。目前，《3—6岁儿童学习与发展指南》的实施，新的教育理念要求教师由传统的知识传授者转变为孩子学习的支持者，要求人人都是管理者。

班级咨询服务与交流

良好的班风是一种精神风貌，一种座右铭，一种共同的目标，它是无形的，却又无处不在，它可以使每一位老师都积极主动、充满干劲。"没有规矩，不成方圆。"如果一个老师仅仅只是热爱他的孩子，没有常规，没有教育，没有引导，任其发展，那么这个班给人的感觉就是一盘散沙。一个班级混乱的原因，是因为没有制定有序的班级常规，幼儿往往不知道该做什么，应该怎样做更好。在制定班级常规时，教师应和幼儿共同讨论：哪些行为是班级所接受和赞赏的，哪些行为是班级所不允许、应该被禁止的，教师要尽量让每一个幼儿都有参与讨论、表达意见的机会。另外，老师对孩子的要求要说到做到，这是管好常规的最重要的一点。只有你说到做到了，才能树立自己的威信。让调皮的孩子不敢随便钻老师的空了。比如：上课前给小朋友讲常规，幼儿听课时要专心，眼睛要看老师，当我听到说话声或看到做小动作时我就立刻停止上课，等没有任何声音或没有幼儿再做小动作了，再继续上课，这样几次孩子们就会感觉你在注意他，没办法了只好认真听课了。

1. 让幼儿明确活动要求

不管是开展什么活动，在活动之前，我们两位老师总是会把活动要求提在前，让幼儿在明确活动方法和活动要求的前提下再去开展活动，这样，不仅幼儿能掌握正确的活动方法，而且能够稳定幼儿的活动常规，比如，在情景数学教学活动时，教师在讲解之后，就请幼儿在座位上坐好，等教师分发好操作材料、要求提清楚以后再动手操作；在户外游戏时，教师在出去以前向幼儿说好走路的方法和要求，在活动前，再将活动方法和活动要求向幼儿提清楚。

2. 教师既要互相合作，又要明确职责

我常常主动承担任务，善于安排好班上的工作，班内工作都有老师共同完成。但是一个人的力量是有限的，正所谓"一个篱笆三个桩，一个好汉三个帮"，要做好班主任，除了要"以身作则"，勇于承担责任之外，还要学会分解任务，有效引导他人去做事，促使整个团体能通力合作，才能尽善尽美地完成好班务工作。但应切忌居高临下的"指挥棒作风"，要学会合理安排分工、有效合作。班主任要充当好双重角色。团结协作，共同搞好班级的各项工作。这样，工作才不会因职责不明而遗漏，也不会因界限太清而延误。

三、充分利用家长资源促进班级管理

教师与家长互动游戏

《纲要》中提出："家庭是幼儿园重要的合作伙伴。应本着尊重、平等、合作的原则，争取家长的理解、支持和主动参与，并积极支持、帮助家长提高教育能力。"于是，我们以新的教育理念由传统的知识传授者转变为幼儿学习的支持者，要求人人都是管理者。班级活动的设计和组织安排，班级管理者要大胆放权，由权威的前台走向服务的后台。让孩子、家长、配班老师走到班级管理的前台来，这样班级管理才能收到事半功倍的效果。我班的具体做法是：

幼儿园工作的有序开展离不开家长的配合和支持，因为在开设一些活动的时候，我们需要征求家长们的意见或者让家长直接参与进来。因此我们在每学期开学初，我们都会召开家长会，以往都是由主班教师一人包办，唱独角戏。而现在，我进行了改革尝试，让家长先讨论家长会应该怎样开，希望了解什么内容，对家长的意见进行收集整理，然后根据家长意见，制订了家长会会议内容和形式。邀请家教成功的家长来做经验交流，以及如何做好家园配合，还请了我班在教育孩子方面有经验的家长介绍育儿经验，家长会开得十分成功，反响很好。家长都说："这样的家长会我们特别乐意参加。"通过家长会，我尝到了班级管理中角色转换的甜头。在以后的班级常规中，我也采用了同样的方法，让孩子自己讨论制订各种活动常规规则，孩子们表现积极，而且遵守常规特别好。

另外，还向家长介绍我们未来一学期会开展的一些活动及内容，需要家长配合做的一些事情，家长们可以提出一些新想法配合幼儿园的发展规划，让家长参与更多，这样幼儿园的工作力度就越大。保证了幼儿园工作的顺利开展，充分地利用家长才智、并推选出家委会主任，保障我们家长开放日和家庭活动友好开展。只有家长切实地参与到幼儿园的教育教学管理中来，才能促使孩子身心和谐的发展，才能使我们的班级管理得更好。

除此之外，我班一学期召开两次家长座谈会，带领本班家长和幼儿组成的小小志愿者团在园门口向家长和小朋友介绍学习幼儿园管理新理念，与此同时，配合教育孩子讲文明、懂礼貌，做力所能及的事。根据当前家长的需求开设了家教咨询服务台，使家长们能面对面地与教师进行现场交流，拉近距离敞开心扉，畅所欲言。特别是保育咨询能够针对本班幼儿的身心发展规律进行解答获得更多育儿的方法，同时，还让家长了解了孩子生长发育的情况，让我们的家长获得更多启示。

通过乐贝通、家长园地和家长微信群，根据幼儿的一日生活常规习惯、自理能力等方面的问题向家长们传授了许多育儿经验。我们教师用温暖的笑容、贴心的话语与家长交流，增强我们的服务意识和奉献精神，架起家园共育的桥梁，为营造文明、和谐的校园氛围增添了一抹色彩！为幼儿测量身高体重以及剪指甲以外，带孩子户外运动、增强体质。给幼儿一个爱的动作"打开孩子们的心扉，做他们心中的天使，送出我们的关爱，送出我们的祝福，多一点微笑，多一点真诚"。时刻牢记我们的职业责任：爱在点滴，用心呵护每位幼儿。教孩子叠衣服时编成小儿歌，如：先关左边门，再关右边门，左抱抱，右抱抱，点点头，弯弯腰，我的衣服就叠好。冬天幼儿穿的衣服多，在放学发衣服时，做开商店游戏，幼儿上来买自己的衣服，如：小朋友排着队说："阿姨您好！请给我拿一件黄颜色的羽绒服好吗？"然后说，"谢谢阿姨，再见。"等等。不仅培养了语言表达能力、交往能力、自理能力。而且，自信心也得到了提高。另外，随时提醒孩子多喝开水，每天放学前为孩子穿好衣服，洗好小脸，让孩子干干净净离园。我们教师除了知识的传授之外，注重潜移默化的"言传身教"，注重孩子心理的健康发展。培养孩子快乐学习、快乐生活。使孩子在幼儿园健康成长。开展丰富多彩的亲子游戏活动，增进亲子情感。

（a）

（b）

（c）

区域游戏活动

四、强化管理，增强班级安全意识

孩子都是活泼好动的，老师稍有疏忽，很容易发生意外伤害事故。当班教师的责任感要很强，时时处处都要留心孩子的变化，视线始终不能离开孩子，要做到每一位孩子都在你的"眼皮底"下，对一些有"反常"行为的幼儿要善于"察言观色"，多加关心。例如：在户外游戏时，幼儿显得格外活跃，也特别容易受伤，教师需要指导他们安全地进行游戏活动，如何正确使用游戏设备（攀岩墙、滑梯、软桥等）、遵守游戏规则、有需要时懂得向教师求助。孩子如厕时，教师要跟进去，避免拥挤混乱甚至吵闹。午睡时尤其要加强巡视工作，千万不可以孩子睡了，自己就埋头备课制作教具了。实际上危险就伴随在这"静悄悄"之中。幼儿发高热没发现，把异物塞在鼻孔内没注意等等的事故屡见不鲜，所以千万不可掉以轻心。外出时，更要时刻检查人数、检查孩子的鞋带、叮嘱孩子不要乱跑、注意周围的情况，及时制止孩子的一些危险行为。为提高幼儿的自我保护能力，我班开展了一系列的安全演练活动，例："防暴演练""防冒领演练""防震演练""火的安全"等，我研究的此课题在全园推广，并获市级科研成果一等奖。

"火的安全"活动照片

　　幼儿园班级管理是一件琐碎而繁忙的工作，但只要抱着一颗充满爱的心，你一定会有意想不到的收获。一个先进的班级，就像一篇优秀的散文，形散神不散。一个个性格各异的幼儿就像一颗颗玲珑剔透的珠子，要想把他们串成一条美丽的项链，智慧而充满爱的班级管理就是一根最合适的线了。

　　总之，班级管理是一件既辛苦又充满乐趣的工作，也是一门艺术，一个好的班级，离不开教师的精心管理。古人云："亲其师，信其道。"作为管理者的教师就必须掌握孩子发展的脚步，做到心中有目标，眼中有孩子，处处有教育，营造健康向上、个性张扬的班集体。在一个积极向上的良好班级氛围中，使教师在学习、总结、反思中创新，使每一个孩子都能健康、快乐地成长。

（本文在《教育科学》2016年第27期发表）

基于桐柏文化探究幼儿园园本课程的设计实施策略

《幼儿园教育指导纲要（试行）》中明确提出各类幼儿园应该从实际出发，因地制宜地实施素质教育。这说明幼儿园被赋予了课程管理与开发的权利和义务，能够结合当地特色文化资源与幼儿园自身优势及幼儿的兴趣需要积极开展课程开发设计，创造性地将课程的目标及要求落实到位。桐柏文化丰富多样，是十分珍贵的教育财富，但其开发利用却十分有限，鉴于此，笔者从以下四个方面探究如何将本土桐柏文化资源融入幼儿园课程中，丰富幼儿课程内容，实现幼儿的全面发展。

一、在多方培训中树立正确课程资源理念，提高教师课程开发能力

园本课程的开发设计是幼儿教师在教学实践中面临的全新领域，在课程开发设计的过程中，幼儿园可以组织多种培训，邀请优秀的专家教师培训，在层次化、多样性的园本培训中转变教师固有的教育观念，梳理科学的课程资源意识，在有效的培训交流中实现教师园本资源开发利用与设计实施的能力。

首先，幼儿园要能够从实际出发，根据教师实际情况及需求安排新课程改革方面的培训内容，鼓励教师积极参与到互动交流中，在理论与实践的结合中不断加强教师课程资源开发的意识。其次，开展专题讲座，邀请有经验的优秀专家及老师指导引领教师开展实践研究，促进教师专业发展。最后，还可以让教师在同事之间展开互助模式，比如针对某一个特色教学项目，教师之间可以共同商讨，设计活动课程方案，确定主题后组织幼儿开展活动，也可以通过某

个活动观摩课为例进行研究探讨，从准备工作到活动中幼儿的接受能力、师幼互动及本土资源利用等情况展开研讨，在讨论交流中使幼儿教师在互帮互助中提高自身的专业成长。

二、在多种渠道中开发整合各类课程资源，完善本土有效资源体系

幼儿园园本课程不是静态的，而是动态生成的。不同的课程资源在幼儿的发展中体现的教育价值不同，教师在开发课程资源的过程中，要能够打破结构单一的课程资源局面，根据本土桐柏文化的多样性，合理构建、调整和优化课程资源结构，在完善本土资源体系的过程中实现教育资源的平衡合理。

桐柏文化有四大名片：淮源文化、盘古文化、佛道文化和苏区文化，这些得天独厚的本土特色资源作为彰显幼儿园课程适宜性和特色性的核心因素，理应成为幼儿园课程资源实施中的重要组成部分。教师在组织研讨、设计主题教学活动的时候，应当在充分考虑幼儿既有的学习经验和兴趣爱好的前提下，将本土中有特色的各类文化资源整合到课程实践中，在筛选梳理的过程中确定教育模块。比如，在深度调研和分析梳理后，我们将幼儿园园本课程初步从四个模块展开定位，即红色文化模块、民间民俗文化模块、生活文化模块、自然资源模块。在架构过程中，为了实现更加清晰的展示，教师通过分组对不同的板块利用思维导图的形式呈现出来，清晰明了。以自然资源为例，可以从矿产资源、山水资源、动物资源、植物资源、气候、风景区等多个角度开始拓展内容，比如，针对桐柏的气候，教师可以在园本课程中设计气候的特点，让幼儿在活动中认识家乡四季，了解小雨、小雪、打雷闪电的秘密，并能够尝试自己给同伴播报天气……以红色文化为例，教师可以从桐柏文化教育基地及桐柏地区中的红色建筑、革命遗址及桐柏地区曾经出现的英雄等入手设计课程，让幼儿了解和感知本地的传统文化革命精神，激发幼儿的自豪感。

三、构建园本课程设计建设的共同体，联合多方力量形成教育合力

幼儿园、家庭和优秀专业的传统文化人士的教育合作是学前教育改革中的重要主题，在构建园本课程设计过程中，充分发挥各方教育优势，利用多种社会资源形成教育合力，在多方力量的有效联合中形成教育一体化，携手共建特色幼儿教育，共同促进幼儿身心发展。

首先，幼儿园教师是课程资源开发利用的主角，要学会主动创造性地利用资源，充分挖掘本土资源中的潜力和深层次价值，引导幼儿身处其境探索学习。其次，传统文化的相关专业人士对幼儿园课程的开发给出了针对性和建设性的意见，提供了理论的开发指导，对提高园本课程开发实践的科学性和合理性，有重要的推促作用。最后，家长的参与是园本课程开发的外在保证。针对我们设计开发的专题活动，教师可以邀请家长参与到活动的制定、实施和评价中，在共同参与搜集和整理实施的过程中实现家园共育，促进幼儿身心发展。比如，在"我的家乡是桐柏"主题活动中，教师为了让幼儿对桐柏更加地熟悉，可以联合家长力量让家长参与到活动中，利用周末业余的时间让家长带着幼儿去参观桐柏的各处，拍摄相关的风景照片，共同创设室内外环境。又如，通过带孩子去试吃各色小吃，让幼儿对桐柏的各色小吃有深入的了解，不仅能说出小吃的名称、味道，还可以向同伴说一说自己品尝后的感觉，在多方探索中引导幼儿对特色美食产生兴趣。

四、优化园本课程实施程序，在多种主题活动实践中充实园本内容

幼儿是有独立思维的人，在教学过程中，教师要努力激发幼儿的学习兴趣，通过创设情境、建立互动联系等多种方式启发幼儿发现问题，在讨论交流中教师可以发现园本课程在开发实施中存在的问题，并寻求解决策略。幼儿教师作为课程实施的主要承载者，要自觉将教学过程中的体验和反思融入课程建设中，在围绕园本课程核心的前提下，充分重视课程实施的对话性和体验性，

在充实园本内容中促进幼儿全面发展，实现教师专业能力的自我提升。

比如，在选材"有趣的皮影戏"主题教学活动时，幼儿教师在讨论探究中认为皮影戏多个地方都有，但每个地区的特色不同，桐柏文化中的皮影戏被列为国家非物质文化遗产，在中央及河南电视台均有播放，为了增强幼儿对家乡的自豪感，我们最终定位"家乡的皮影戏"。在教学活动实施过程中，教师发现此前制定的教学目标太过笼统，活动环节的互动较少，导致孩子对皮影戏的玩法技能掌握不熟练，体验不足使得幼儿的情感体验未能充分激发。针对这种情况，教师在课后做了相关的调整，在第二次主题活动中先让孩子通过多媒体技术辅助了解相关的知识后自主体验操作玩法，先让孩子提出问题，互相在讨论探讨中找到答案，在好奇心的驱动下教师和皮影艺人在一旁针对孩子不能解决的问题予以指导，在循序渐进的体验中最终促进孩子的成长。

综上所述，作为学前教育改革的重要研究课题，园本课程的实践性取向较强，对促进幼儿全面个性主动的发展至关重要。幼儿教师在多方培训理论指导下，树立正确课程资源理念，提高自身课程开发能力；在多种渠道中开发整合各类课程资源，完善本土有效资源体系；构建园本课程设计建设的共同体，联合多方力量形成教育合力；优化园本课程实施程序，在多种主题活动实践中充实园本内容，提升课程文化的适用性，让幼儿在了解与传承家乡传统文化的同时实现综合素质提升。

参考文献

［1］范佳琳.幼儿园园本课程资源开发利用中的问题及优化［J］.课程教育研究，2018（15）.

［2］许英梅.关于幼儿园园本课程开发的思考［J］.科教导刊（中旬刊），2017（29）.

［3］丛玉婷.幼儿园园本课程资源开发与利用［J］.基础教育研究，2017（15）.

（本文在《科学导报》2018年第24期发表）

附

家委会亲子活动：和孩子一起到桐柏淮祠

尝试皮影戏表演

公益课堂下乡教，乡情乡土育幼儿

——以家乡资源为主

幼儿在成长中会接触到形形色色的事物，如何帮助幼儿在众多选择中找准方向，是幼儿教师的重要任务。家乡民间艺术承载着传统文化的精髓，也展现了前人的审美艺术水平，在幼儿园主题活动中开展民间艺术制作，能够拓展幼儿的成长视野，帮助幼儿认识多元化的事物，同时也能够让本课题的成果在更多同仁中产生积极影响，为幼儿发展点缀亮丽色彩。

一、公益活动公开课，感知家乡民艺

在课题研究期间，课题组主持人在全县开展公益活动，组织两次公开课，极力宣传家乡民间艺术，让更多的人能够了解与认识桐柏的魅力。

1. 最美虎头鞋，让幼儿体验创作的快乐

虎头鞋作为中国传统手工艺品之一，是一种童鞋，因其外形特征为虎头，故作虎头鞋，在某些地区也称为猫头鞋，既有实用价值，同时也被人们推崇为吉祥物。在大班美术活动中，教师便将虎头鞋作为主要内容，让幼儿了解虎头鞋主要特征，以及色彩运用，进而感受家乡传统手工艺术品的魅力，体验创作的快乐。在活动中，教师准备了传承人带来的实物虎头鞋、模型、制作虎头鞋相关材料等，同时也邀请家乡的虎头鞋传承人侯奶奶来园互动，使幼儿在欣赏与制作的过程中，能够近距离感受"虎头鞋"工艺。首先教师以问题勾起幼儿好奇心，引导幼儿仔细观赏虎头鞋：浓眉大眼，眼睛瞪得像铜铃，胡须翘翘，

图案对称。然后向幼儿介绍虎头鞋各个部分的制作方式，以"构思—准备—制作"为步骤，发挥幼儿天马行空的想象力，设计出自己心目中的"最美虎头鞋"。在此活动中，师幼共同参与，侯奶奶的传统工艺作品带给孩子美的享受，幼儿在体验中尝试成功，在交流中获得经验，使幼儿陶醉在一个美的艺术境界之中。

2. 家乡皮影戏，让幼儿感受文化的魅力

皮影戏，又称"影子戏"或"灯影戏"，是一种以兽皮或纸板做成的人物剪影，在灯光照射下用隔亮布进行演戏，是我国民间广为流传的傀儡戏之一。在皮影戏的活动中，了解皮影戏的制作材料，欣赏皮影戏的表演艺术特色，是幼儿需要掌握的重要内容，同时也能够感受家乡文化的魅力，从而增强对家乡的热爱。透过多媒体，教师为幼儿以及参与活动的民办园和乡镇园教师及家长代表，播放中华民族春晚节目《俏夕阳》，幼儿进行模仿，渲染活动现场的热烈氛围。紧接着教师将幼儿的目光引向皮影戏艺人的表演中，用著名的"孙悟空三打白骨精"调动幼儿的观看积极性，最后教师与幼儿共同尝试表演皮影戏，制作皮影。在一场欢声笑语之后，幼儿对皮影这一文化产生了深刻的印象，相信在未来的发展中，也能够更加多元化地灵活运用。

二、家乡资源下乡教，体验家乡生活

为使课题影响力更加深远，课题组走入乡村，把家乡自然资源的课程辐射引领送教下乡，为乡村幼儿的教育带去更丰富的资源，引导乡村幼儿教师灵活运用本土资源。

1. 幼儿了解民间工艺——桐柏豆筋

在桐柏有一种传统的豆制品——豆筋，营养价值极高，深受桐柏当地人民的喜爱。由于幼儿对桐柏豆筋比较熟悉，因此教师将实物带进课堂，摆放制作所需材料，引起幼儿的注意力。首先教师介绍豆筋的生长环境以及作用，然后通过视频向幼儿讲解豆筋的加工过程，并与幼儿总结加工步骤，如泡豆—打豆浆—加热豆浆—捞豆筋—晾晒等，加深幼儿的记忆力。活动的开展，为幼儿创造更丰富的学习资源，掌握简单的民间工艺。

2. 幼儿参与民间习俗——划旱船

划旱船，是我国汉族的民间传统喜庆活动。每逢春节特别是元宵节，各地都有划旱船的习俗。教师设计"划旱船"的主题活动，让幼儿在情境中，提高对家乡传统文化活动的兴趣，积极参与到民间习俗活动中，并与同伴合作游戏，从而获得愉悦的情感体验。首先教师准备旱船表演的视频以及伴奏乐曲，并制作划旱船的道具，以供幼儿表演，然后在互动中，教师通过问题引导幼儿不断地认识划旱船这一活动，最后引导幼儿进行模仿，开展现场"划旱船"的民间习俗活动。既能够让幼儿在欢乐氛围中了解传统民俗，同时也能够在活动中增强创造力、想象力与协调能力。

总而言之，幼儿的成长路程应该多姿多彩，才能够为未来的发展打好基础。在幼儿课程活动中渗透家乡资源，让幼儿体验家乡特色活动，了解民间工艺与习俗，与家长共同成就彼此的亲子时光，从而促进幼儿的全面发展，增强幼儿对家乡热爱之情。与此同时，教师在公益活动中与当地民办园和乡镇园教师相互交流，不断地完善公益下乡的幼儿课程，为本课题的深入发展带来有效帮助。

参考文献

［1］熊兰瑛.民间公益组织参与农村幼儿园教师专业发展的实践研究［D］.
重庆：西南大学，2017.

［2］严晓霞.幼儿园开展公益活动的实践研究［J］.科技信息，2011（14）.

（原载《环球慈善》2019年9月）

非遗文化与冬奥元素融入幼儿园课程

2022年北京冬季奥运会在北京举行，全国上下都在为冬奥助力，作为幼儿教师以什么样形式组织开学第一课更有意义呢？习近平总书记曾指出："中华优秀传统文化是中华民族的精神命脉。""非遗"文化是中华优秀传统文化的精髓。"非遗进校园"已经成为"非遗"保护和传承的重要手段。利用身边非遗资源，将传统非遗与现代冬奥元素相结合的方式开展活动，让孩子们切身感受到非遗与冬奥的双重魅力。

一、非遗与奥运融入主题活动

桐柏山歌内容丰富，具有独特的艺术风格，是河南省省级非物质文化遗产项目，《清清淮河十八湾》曾在中央电视台播出。桐柏面塑是市级非物质文化遗产项目，罗静老师和徐双锁老师既是传承人又是孩子的家长，我园有着得天独厚的家长资源，为弘扬家乡优秀传统文化，传承艺术瑰宝。把非遗文化与冬奥元素有机结合融入幼儿园课程，我们的家乡的山歌和面塑传承人走进幼儿园"童心同唱同捏冰墩墩"为奥运喝彩。

二、非遗艺术和冰雪奥运激情碰撞

山歌传承人罗静老师为小朋友们唱起了冬奥改编的新创山歌《赞冬奥》，例如："唱山歌来赞冬奥，我把冬奥表一表……"新的元素进行了有机融合与创新，吸引着孩子们，又和小朋友互动一起唱对唱《月儿弯弯照楼梢》，悠扬动听的山歌拉开活动的序幕，刘伟东老师一曲男中音高亢嘹亮的新编采茶歌迎来了孩子们的欢声笑语和一阵阵的掌声。孩子们近距离地感受原汁原味的传统文化，乐享了一场视听和视唱盛宴，充分展示了"家乡桐柏"的独特魅力，陶冶了幼儿情操。

山歌传承人与幼儿互动

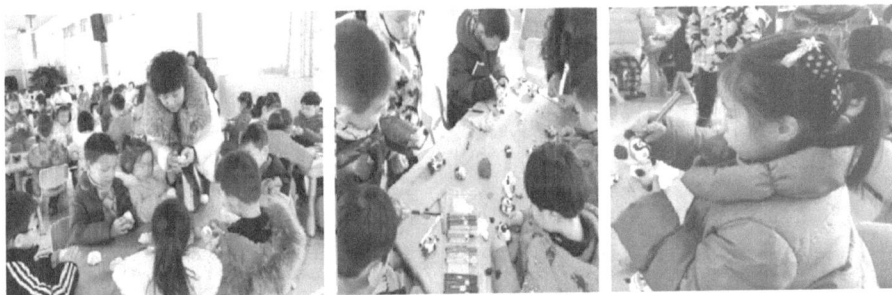

面塑传承人与幼儿互动

面塑传承人徐双锁老师将"冰墩墩"冬奥项目元素融入传统非遗技艺中，进行创新制作，用别样的方式助力北京冬奥。现场运用面塑手法技巧展示制作了"冰墩墩"。小小的面团经过她的捏、搓、拉、揉、塑形等工序，一个个栩栩如生、精美的冬奥会吉祥物诞生了。孩子们在徐双锁老师的引导下，通过手法的变化与个人的创新，完美地完成了作品"冰墩墩"，孩子们创意的作品形态各异，形象逼真，作品体现了面塑的魅力。

三、体验非遗，让爱传递

大班的哥哥姐姐拿着自己精心制作的"冰墩墩"送给弟弟妹妹，个个脸上喜笑颜开。这一份礼物的传递也是爱的传递。

大带小活动

通过大带小活动，大班孩子的责任意识、规则意识得到了提高，懂得自我约束、坚持榜样示范，并将活动中感受到的爱和温暖内化为美好的品质。

活动合影

此活动的开展既充分发挥了幼儿的主观能动性，让他们在体验中收获了知识和乐趣，亦让幼儿掀起又一波关注冬奥、支持冬奥、参与冬奥的热潮。孩子们陶醉在一片"一起向未来，为冬奥喝彩"的欢呼声的口号中。

四、交流研讨，思想碰撞

活动结束课题组成员与传承人进行探讨

活动结束课题组成员与传承人激情满满继续探讨非遗文化在幼儿园如何创新和传承？如何做到与非遗全方位深度链接，组织幼儿开展高质量的非遗活动？我们认为应从以下几个方面入手：

一是环境创设与培养幼儿兴趣，只有打好基础，孩子们才会对"非遗"产生兴趣，产生学习的动力；二是根据幼儿学习特点和学习能力，改编适合孩子的内容；三是将非遗活动更好地融入幼儿的一日生活中；四是加强家园联合。除此之外，教师的专业引领，促进课题发展；结合主题活动，进行有机融合；投放非遗材料，丰富区域活动以及整合社会资源，增强非遗底蕴。同时也可以利用大型活动的影响，以山歌面塑为切入点，结合节庆和季节设计一些户外亲子活动，让家长也参与进去，使更多人了解桐柏的山歌和面塑文化，让传统的民间艺术大放异彩。

五、结束语

艺术的繁荣需要传统的继承和内涵的丰厚，我们将以课题研究与主题活动为载体，深入推进幼儿园课程与非遗文化的有机渗透和整合，把非遗文化融入幼儿园课程，让孩子们在潜移默化中得到传统文化的熏陶，让非遗文化浸润着孩子们质朴的童心，让非遗文化伴着孩子们成长，让孩子们成为非遗文化的传播者和传承者。

参考文献

［1］王小芳.非遗文化融于幼儿园课程初探［J］.文理导航（教育研究与实践），2020（7）.

［2］买艳霞，高山.连云港非物质文化遗产融入幼儿园的研究［J］.长江丛刊，2020（8）.

浅谈家乡民俗文化融入亲子社会实践活动的策略

一、家乡民俗亲子社会实践活动的重要性

《纲要》提出"引导幼儿实际感受祖国文化的丰富与优秀，感受家乡的变化与发展"；"引导幼儿认识、体验并理解基本的社会行为规则"。可见，孩子的社会性发展在幼儿期是至关重要的。

随着社会的快速发展，城市化进程的加快，以及现代化科技社会的形成，我们生活的空间慢慢地被人为科技的成果及产品所包围。城市儿童被现代化的物质和玩具所俘虏，他们对最常见的风土人情一无所知，经常为独守电视和现成的玩具而感到百无聊赖，地方民俗文化资源慢慢地退出了孩子们的生活和视野。与此同时，审视当今的教育，我们发现人们对幼儿园教育、家庭教育非常重视，但往往忽视了地方民俗文化的影响和它作为教育资源的丰富性。因此，家乡民俗文化的传承需要家长和孩子们一起小手拉大手进行爱的传递！

二、家乡民俗亲子社会实践活动的价值

生活即教育，潜移默化，润物细无声，寓教于乐的教育形式即是我们追求的宗旨！教师将民间文化融入亲子社会实践活动，使幼儿园有了日益增长的民族精神作为支撑。在幼儿园教师的教导下，民俗文化已经成为幼儿园社会实践活动中重要的教学内容，并且在其中发挥着重要的作用，这也是民俗文化的魅力与价值所在。同时家长教育资源得到了充分开发与利用，拉近了幼儿与家长、家长与教师的距离，在浓浓的亲情中成长的孩子健康、活泼、聪明。亲子活动的开展，提升了孩子的快乐指数，提高了孩子的积极性，增长了孩子的知识面，促

进了家园教育互动，使家长逐步树立了科学的儿童观、教育观和人才素质观。

三、家乡民俗亲子社会实践活动的策略

著名教育家陈鹤琴先生明确主张把大自然、大社会作为出发点，使幼儿在与自然、社会的直接接触中，在亲身实践中获取经验和知识。他特别强调在教学过程中应当"活"，那就要带孩子到活的大自然、大社会中去。由此可知，大自然、大社会应当成为幼儿学习的第二课堂，社会实践活动无疑是实现幼儿到大自然、大社会中进行探究学习的有效途径。为此，我们结合《3—6岁儿童学习与发展指南》精神，充分调动幼儿与家长参与户外活动的积极性，紧密家园沟通与合作，践行活动为载体，通过家委会的形式，以幼儿发展为本，尊重幼儿需求，把优秀的家乡民俗文化融入亲子社会实践活动中，通过与大自然的亲密接触，参与周边社会生活，萌发幼儿爱家乡的情感。那么，怎样利用家委会资源开展丰富而有意义亲子活动呢？

（一）"爱相伴共采摘 唱山歌赞家乡"亲子活动

教师利用家委会资源密切配合，组织丰富多彩而有意义的社会实践活动，我们带着孩子们走出园所，了解家乡的民俗，组织了与众不同的特色主题活动，如："爱相伴共采摘 唱山歌赞家乡"家长委员会亲子活动。家乡的山歌唱起来，鸣鸣的妈妈既是家长又是山歌传承人，大家一起随鸣鸣妈妈边唱边舞，分享婉转悠扬，富有浓郁地方生活气息的山歌，孩子们能有机会与山歌相约真是幸福极了。家长和孩子伴随着山歌分享采摘的快乐，通过自己的亲身体验，感受到了金秋时节家乡的美好风光，增强了幼儿热爱大自然、热爱家乡的情感。

（二）"走进敬老院、情暖重阳节"亲子活动

尊老爱老是中华民族的传统美德，为了让孩子们真正理解并践行这种美德，在九九重阳节来临之际，开展"童心敬老 爱在重阳"民俗文化亲子活动，我们与家委会一起，到老年公寓敬老院，带着满满的爱心，家委会成员老师和孩子们走进了敬老院，"爷爷奶奶好……"孩子们一声声亲切、稚嫩的问好声，传遍了敬老院的每个角落，老人们慈祥的笑容顷刻间溢满了整个脸庞。

舞龙舞狮为老人送祝福送吉祥，"中华孝道儿歌""尊老敬老手势舞"家长和孩子们为老人分享民俗文化；互动游戏"击鼓传花认农耕"、"采茶送给爷爷奶奶喝"、亲子操等，与众不同的活动增添了亮丽的色彩，虽然没有华丽的服饰、绚烂的舞台，但甜美的歌声、欢快的舞蹈以及真诚的笑容赢得了老人们的阵阵掌声，给他们平淡的世界里带去了欢乐，送去了温暖。

孩子们用自己积攒下来的零花钱为老人们买来了蛋糕和暖宝，将带来的蛋糕与爷爷奶奶分享，他们依偎在老人们身旁，为老人送上一句甜甜的祝福……孩子们的行动换来了爷爷奶奶开心的笑脸和发自内心的赞许。爷爷奶奶们激动地对孩子们竖起大拇指，连声道谢，并祝愿孩子们健康快乐、茁壮成长。敬老院里欢声笑语、其乐融融，充满了生机与希望，老人们在享受到天伦之乐的同时，倍感社会大家庭的温暖。孩子们走出幼儿园，感受不同的社会生活，体验到敬老爱老的责任和快乐，学会用自己的行动为老人带来温暖。

（三）"寻红色的足迹做时代宝宝"亲子活动

我们的家乡处于淮河的源头，历史悠久，文化内涵十分丰富，它不仅仅有独特的淮源文化，还有丰富的民俗资源。带孩子走进纪念馆和淮祠是一项丰富的教育素材。家委会主任联系邀请讲解员，进行前期的交流（给孩子们用适合口吻的话，讲容易理解的内容）。幼儿身穿整齐的小小解放军服，可爱的小脸蛋上贴上红五星，手拿国旗和五星，精神焕发，神采飞扬地出发了。到桐柏革命纪念馆参观，并在纪念馆门前表演《闪闪的红星》，围观的人们不停地为孩子们点赞、拍照、录像，还引来了众多外地游客不停地问这是哪个幼儿园的小朋友，孩子们更加自信与快乐。

到了淮祠，讲解员阿姨为家长和小朋友讲解桐柏的发源地，桐柏人文精神，桐柏英雄的故事。到农家乐玩亲子游戏：爬过铁索桥、钻地道、跟解放军叔叔练本领。用餐时：家长讲故事《粒粒皆辛苦》，教育幼儿不浪费粮食，养成勤俭节约的优良品质。午饭后：家长和孩子帮种植栀子的阿姨采摘栀子，幼儿体验帮助他人助人为乐的快乐。孩子们享受了一次丰盛的历史、文化、艺术的盛宴，既增长了知识，也开阔了眼界！真正实现了《3—6岁儿童学习与发展指南》精神。

四、家乡民俗亲子活动，促进幼儿多元化的发展

孩子们近距离地接触和体验家乡文化，感受祖国和家乡文化的丰富与优秀，感受家乡的变化和发展，激发了幼儿爱家乡、爱自然的情感，提升了家园教育与社会教育的融合发展，有效促进了家园共育目的。从小培养幼儿对文化传承的认知，树立良好的文化素养，将民俗文化融入亲子社会实践活动中是十分有必要的。充分挖掘本地的民俗文化，利用家长和身边的教育资源创新活动思路，为幼儿营造出良好的学习环境和浓厚的文化氛围。让幼儿在优秀的家乡民俗文化中陶冶情操，培养幼儿优秀的品格，促进幼儿多元化的发展。帮助他们未来更好地成长成才。

总之，教育路上只有起点没有终点，我们将会用孩子的眼光去审视孩子的兴趣点，寻找和确定每一个起点，愿做孩子健康快乐成长的领路人。我们将秉承"回归自然、回归儿童、回归传统"的教育理念，在尊重孩子身心发展规律的前提下，通过各种活动的渗透，让孩子从小了解并传承家乡民俗文化，做一个有根的家乡人。

参考文献

［1］郑婕妤.用乡土资源开展幼儿园教育活动的实践分析［J］.课程教育研究，2019（48）.

［2］北京市教育科学研究所.陈鹤琴教育文集［M］.北京：北京出版社，1983.

［3］教育部基础教育司.幼儿园教育指导纲要（试行）》解读［M］.南京：江苏教育出版社，2002.

［4］中华人民共和国教育部.3—6岁儿童学习与发展指南［Z］.2015.

（《浅谈家乡民俗文化融入亲子社会实践活动的策略》，《教学与研究》2020年第26期）

第三篇

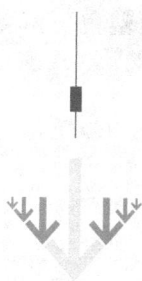

教学活动

大班美术欣赏活动：多彩的面塑

【活动目标】

（1）欣赏面塑作品，了解面塑色彩鲜艳、造型优美、工艺独特的艺术特点。

（2）萌发幼儿对家乡民间艺术的兴趣。

【活动准备】

（1）PPT面塑图片。

（2）传承人的面塑作品、面团若干。

（3）背景音乐，辅助材料：小剪刀、筷子、小梳子、甘油等。

【活动过程】

1. 欣赏传承人徐阿姨的面塑作品引起兴趣

教师：可爱的孩子们下午好，今天老师给你们带来了很精美的礼物。

欣赏传承人作品1：菊花

教师：你们瞧，这是什么？（菊花）你们的眼睛好亮哟，一眼就看出来了，你们在哪里见过？长的什么样？是什么颜色的？（红绿黄）？看上去有什么感觉？

幼儿：颜色鲜艳、花瓣层层叠叠、花朵饱满，像礼花。

教师：你知道花瓣顶部为什么用黄色来搭配，增强它的亮度，使花朵更加艳丽、形象逼真，绽放的花朵象征活力、健康。

轻轻地摸一摸有什么感觉？（硬硬的）

欣赏传承人作品2：寿星仙翁

教师：还有一件礼物呢，你们看这是谁？这幅作品带给你又是什么感觉？我们来看看寿仙老爷爷的额头和我们普通人有什么不一样？鼓鼓的，再看看他手里拿的是什么？脸部的表情神态是什么样子的？（学一学他的表情，呀，好形象哟）服装上有什么特别的地方？（立体的花边做工精细），松树是什么样子的？（造型美观）你们喜欢不喜欢寿仙老爷爷？为什么呢？哇，因为他特别和蔼慈祥，寿仙老爷爷可是代表吉祥长寿、长命百岁的意思。

幼儿：（表达自己的想法）我喜欢胡须像头发一根一根的，树的造型像真的，不仅颜色搭配协调，而且做工精细、很美。

我们已经欣赏完这两幅作品了，你们知道这两幅是用什么做的吗？

幼儿：彩泥、橡皮泥。

教师：它们是用面粉加糯米粉、蜂蜜、盐、甘油等蒸熟以后调上食用颜料，不仅可以吃，还不容易干裂，很光滑。它们有一个好听的名字叫面塑，面塑也叫面花、捏面人，用手和简单工具，做出各种栩栩如生的形象。是一种艺术性很高的民间工艺。

2. 介绍传承人

教师：这么精美的面塑作品是一代又一代留传下来的民间宝贝，是非物质文化遗产，今天我们看到的这两幅作品就是桐柏传承人徐双锁阿姨用灵巧的双手和聪明的智慧做出来的珍贵作品，她可真了不起，她做的许多优秀作品都获奖了，今天她来到了我们的现场，请小朋友们用最热烈掌声把她请出来吧。

徐阿姨：小朋友们好！

3. 欣赏经典面塑作品图片

教师：徐阿姨你好！刚才欣赏了你的作品，大开眼界，除了这些作品，你还有什么面塑作品呢？

阿姨：我做了很多作品，有的拿去参赛了，有的在亲朋好友结婚、生孩子等喜庆的日子赠送给他们了，我这里还保存着一些图片呢。

教师：好的，我们和孩子们一起来欣赏一下吧！

（A欣赏寿桃）教师：孩子们你们喜欢这幅作品的哪些地方？这幅作品用了什么颜色？

幼儿：红、黄、绿，颜色非常好看，看见就想吃。

教师：哎呀！这个面塑做得像真的一样，（很喜庆）引导幼儿感受作品的色彩美。（寿桃有幸福健康、吉祥如意、延年益寿的民俗象征）

（B欣赏花糕）教师：这幅作品与上一幅作品有什么不同？有什么相同的地方？颜色更多，红、黄、蓝、绿、紫很丰富色彩美、造型美。

（C欣赏鱼）教师：我们接下来再来看看这幅作品，哇，这两幅图都是鱼，那你们喜欢哪一幅呢？为什么喜欢这一幅呢？

幼儿：因为颜色漂亮，鱼的身体上有荷花装饰，鱼的尾是自然弯曲的。

教师：你有一双善于发现美的眼睛，哦，原来是造型好看，它做得很逼真，仿佛看到了这条面鱼在水中畅游的样子。

教师：鱼身体的花纹好看？这个鱼鳞很特别，怎么做的呢？我们请教徐阿姨吧？

徐阿姨：就是用这个工具捏、压等辅助材料。象征着年年有余。

徐老师：这幅作品的名字叫什么？喜鹊登梅，孩子们，你们知道这幅作品吗？在什么样的心情下做出来的哦，开心快乐。

（D欣赏孔雀与凤凰）教师：羽毛很特别，你们猜一猜是怎么做出来的？

幼儿：剪出来的、用工具压的花纹。（造型优美，工艺独特）

教师：徐老师做了许多人物呢，小猪的一家、孙悟空还有情景表演。

（E欣赏西游记）教师：这幅作品上有谁？对，是西游记上面的主要人物。

（F欣赏少数民族）这幅作品上是少数民族，还有很多精美的作品，今天让我们先欣赏到这儿。

教师小结：面塑作品颜色鲜艳，造型优美，工艺独特，让人感觉到很亲切，温和自然，每一幅作品都有美好的名字，民间艺术特别浓厚，充分体现我们中国文化博大精深。接下来我们看一看面塑传承人的现场制作吧。

4. 传承人现场制作面塑幼儿欣赏

徐阿姨边做边讲介绍制作面塑的简单工具，塑造出各种栩栩如生的形象。

小兔子：边制作边引导，小兔子喜欢吃什么？（萝卜、青草，小兔子有家吗？如果给它做个房子是什么样子的？我们一起把它做出来吧。）

5. 幼儿体验做自己喜欢的面塑作品

幼儿在轻音乐的伴奏下大胆创作。

教师和阿姨巡回观察指导。

6. 欣赏自己的作品

教师：相互欣赏一下同伴的作品，你最喜欢哪里？为什么喜欢？给作品起一个好听的名字。

教师小结：今天我们有机会欣赏了传承人徐阿姨的面塑作品，体验了面塑制作过程一定很开心吧？下一次老师会带你们到徐阿姨的面塑馆参观，她还会教我们更多的面塑技能。把我们家乡的面塑文化传承下去。

【活动亮点】

本教育活动选材新颖符合幼儿年龄特点，充分利用地方资源邀请家乡面塑传承人走进幼儿园与孩子一起互动，在活动中教师采用现场欣赏面塑大师制作过程，孩子们见识了精湛的非遗技艺，了解了相关的文化历史，体验了一次不一样的艺术课程。同时有效的与多媒体欣赏有机结合内容更加丰富，孩子们身临其境地感受美、发现美、捕捉美。体验制作面塑作品的快乐。

（a）

（b）

（c）　　　　　　　　　　　　（d）

活动剪影

课后交流

大班美术活动：粽叶的美妆

【设计意图】

这几天在吃粽子时，突然间我有了灵感，这么好看的一片粽叶扔掉挺可惜的，端午节快到了，不如把粽叶带到幼儿园，利用身边的自然资源和孩子们一起给粽叶画个美妆来装扮活动室，充分发展幼儿的想象力、创造力和动手能力。于是，我根据《纲要》《指南》精神，设计了大班美术活动——粽叶的美妆。

粽叶美妆照片

【活动目标】

（1）运用超轻黏土、马克笔在粽叶上进行装饰，能大胆想象、创作。

（2）体验在特殊材料上进行美术创造的快乐。

【活动准备】

（1）材料：粽叶（原色和涂颜色）、超轻黏土和马克笔若干。

（2）课件：粽叶的美妆。

（3）背景音乐：优美动听的钢琴曲。

【活动过程】

1. 欣赏画展，引起兴趣

师：老师带小朋友看特殊的画展，你们看这些画和我们平时画的画一样吗？（不一样）

师：它是画在什么上面的？（粽叶）小朋友的眼睛好亮哟，一眼就看出来了。

师：看一看这片粽叶像什么？（小船、摇篮、鱼、树干）这些粽叶经过这样的装饰，是不是像化了妆一样更漂亮呢？

师：你们喜欢哪一幅作品呢？为什么喜欢？

活动照片一

小结：颜色鲜艳、图案装饰得很漂亮、自然的美、看上去很立体。

师：你们知道这些画是怎么做上去的吗？

小结：有的是画上去的、根据粽叶外形作画，平铺粘贴、画轮廓、画线条，有的是马克笔与超轻黏土结合。

2. 欣赏课件图片，激发幼儿创作的乐趣

除了这些老师还带来了一些好看的图片，我们一起来欣赏吧。

师：播放课件图片，进一步引导幼儿观察，发散思维、大胆想象激发幼儿创作的乐趣。

活动照片二

小结：一片小小的粽叶，给它化妆变成美丽的艺术作品，花纹优美，色彩鲜明，你们是不是也想试一试给粽叶化个妆呢？你想给粽叶化个什么样的妆让它变美丽呢？

3. 幼儿大胆想象自由创作

活动照片三

（1）构思。

师：鼓励幼儿大胆想象。

（2）选材。

师：你们选择一样自己喜欢的粽叶，有原色的粽叶也有涂颜色的粽叶。根据自己的爱好和你的作品需要来选择颜色。

（3）创作。

师：材料有超轻黏土和马克笔，确定创意作品再把作画创意手法表达出来。

（4）常规提醒：画面保持干净整洁，及时收捡学习用品。

（5）教师巡回指导，鼓励幼儿大胆创作。

4. 展示作品

活动照片四

幼儿把创作好的作品放到展示台，互相欣赏说一说，讲一讲，你画的是什么？（幼儿自由交流、相互欣赏、共同分享与评价创意作品）

小结：今天你们用一片小小的粽叶创作出一幅幅与众不同的作品，李老师为你们的大胆创作点赞。请小朋友们带上你们的作品来装扮我们的活动室吧。

【活动评析】

本教育活动选材新颖，巧妙利用本地粽叶这一天然环保的特殊材料，进行美术创作活动，具有浓郁的乡土特色。活动组织过程流畅，通过参观粽叶画展的欣赏活动激发幼儿兴趣，使孩子对活动充满期待。在此基础上，欣赏课件、了解材料、感受粽叶美妆、装饰粽叶等一系列流程，引领幼儿回归自然，给幼儿提供了宽松自主创作环境。

教师能熟练运用多媒体课件开展教育活动，通过课件与实物的结合展示，为幼儿发挥想象力和创造力提供了很好的储备。活动过程中幼儿自主创作，大胆尝试给粽叶进行独一无二的美妆，使幼儿陶醉在一个美的艺术创作情景之中，圆满完成活动目标。

大班美术活动：最美虎头鞋

【设计意图】

在一次访谈桐柏县文化馆馆长李修对时，了解到桐柏虎头鞋是市非物质文化遗产，正在申报省级项目，并了解到我们家乡的侯秀梅奶奶就是虎头鞋的传承人，我们身边有这么优秀的传统文化资源，何不利用这些资源让孩子从小感受家乡传统手工艺品之美呢？虎头鞋不仅可爱，而且大部分孩子小时候都穿过虎头鞋，贴近幼儿生活，幼儿熟悉而感兴趣，为使家乡传统民间文化更好地传承下去，我根据《纲要》《指南》精神，设计了大班美术活动：最美虎头鞋。

活动合影

【活动目标】

（1）了解虎头鞋的主要特征，欣赏其质朴可爱、夸张的造型美和亮丽的色彩美。

（2）能用超轻彩泥及辅助材料大胆装饰虎头鞋。

（3）感受家乡传统手工艺品之美，体验创作的快乐。

【活动准备】

（1）多种虎头鞋实物。

（2）课件"虎头鞋"。

（3）鞋子模型若干，超轻彩泥若干，毛线、毛根、纸条等辅助材料。

（4）邀请家乡的传承人侯奶奶来园互动。

（5）钢琴曲。

【活动过程】

1. 导入活动，引起兴趣

师：老师带来了一样特殊的东西，我们一起来看一看是什么呢？（出示虎头鞋）

鞋上的老虎头是什么样子，你看后有什么感觉？为什么要让宝宝穿上有凶猛老虎的虎头鞋呢？

小结：虎头鞋又叫猫头鞋，是妈妈送给宝宝的礼物，让宝宝练习走路，希望孩子能够长得可爱又勇敢，像老虎一样威风凛凛。

2. 引导幼儿欣赏虎头鞋夸张的造型美，了解虎头鞋的主要特征

（1）师：今天老师邀请了咱们桐柏做虎头鞋的传承人侯奶奶，大家向侯奶奶打个招呼吧（侯奶奶好），侯奶奶做了很漂亮的虎头鞋，我们看看吧。

（2）幼儿自由欣赏虎头鞋，看一看、摸一摸、说一说。

师：你认为奶奶做的虎头鞋漂亮吗？哪漂亮？给奶奶说说。

幼儿：颜色漂亮、虎头可爱、鞋面的花纹很美。

传承人侯奶奶与孩子交流

师：虎眉浓粗、虎眼圆瞪，虎鼻肥大像桃子一样，虎嘴又宽又大，大大的虎头，黑黑的眼睛，金色的王字，彩色的嘴巴和胡须，老虎看上去很凶猛，图案是对称的。

欣赏虎头鞋手工艺品

侯奶奶讲虎头鞋的制作方法

　　侯奶奶小结：虎头鞋是我们中国人的一种传统民间手工艺，在很多年以前，中国人就会做这些虎头鞋，全世界的人都很喜欢中国人做的这些虎头鞋，因为它造型可爱，颜色鲜艳美丽，表达父母对孩子的爱，希望孩子能平安健康长大。

3. 欣赏课件各种虎头鞋的色彩美、装饰美

　　师：刚才欣赏了奶奶的部分作品，还有许多不一样的作品老师把它照了下来，我们继续欣赏吧。

公开课：最美虎头鞋

　　引导幼儿欣赏：装饰独特，饰物较多，彩线、花边、布料、毛线、皮毛、金属片、珠子、扣子、彩带等材料变成了虎眼、虎嘴、虎耳、虎尾巴。有些还用珠子、扣子直接代替虎眼和虎鼻，有的用皮毛将虎耳、虎眼、鞋口等部位镶边等，不仅虎头装饰得漂亮，虎身也有与众不同的装饰。

　　师：虎头鞋上有什么颜色？什么颜色用得最多呢？（红色、黄色）

　　师：看了红色、黄色你心里觉得怎样？

　　小结：我们中国人在做虎头鞋时最爱用红色、黄色，画年画、做玩具时也喜欢用这些鲜艳的颜色，这些鲜艳的颜色让人看了很吉祥、很快乐。

4. 了解制作过程，幼儿根据自己的构思进行创作

　　师：奶奶，虎头鞋上面的图案是怎么做的呢？

　　先构思—选择颜色及材料搭配—创作

　　师：奶奶要招聘小小传承人，她把她的手艺要一代一代传下去，看看谁能设计出富有创意的虎头鞋。奶奶还给大家带来了许多虎头鞋样，我们可以在鞋样上装饰虎头，也可以装饰鞋面。

（1）幼儿取自己喜欢的虎头鞋样。

（2）在轻音乐伴奏下幼儿用超轻彩泥装饰虎头鞋，也可用毛线、彩色纸等辅助材料把它打扮漂亮。看看谁做的虎头鞋最有创意。

（3）教师和奶奶巡回指导。

公开课及开放日活动剪影

幼儿制作虎头鞋

5. 分享作品幼儿相互欣赏（夸张美、色彩美、装饰美）

侯奶奶点评：看到小朋友设计的虎头鞋，创意非凡，表现出了虎头鞋突出的特点：夸张美、色彩美、装饰美。我就放心了，我终于找到了小小传承人了，大家的作品各有特色，都是"最美虎头鞋"。

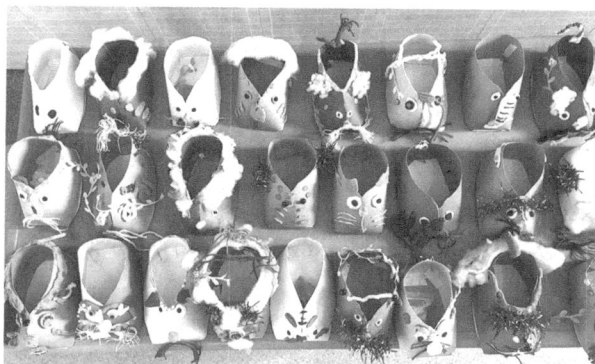

幼儿的作品"虎头鞋"

【活动评析】

本活动选材新颖，充分挖掘家乡传统文化资源，萌发了幼儿爱家乡的情感。活动组织过程生动有趣，教师的教态亲切自然，娴熟的组织能力得以充分展示，引领幼儿回归生活，让幼儿尽情动手、给幼儿一个自由想象创作的空间。教师和幼儿共同参与传统艺术活动，虎头鞋传承人侯奶奶的传统工艺作品带给孩子美的享受，引导幼儿在体验中尝试成功，在交流中获得经验，使幼儿陶醉在一个美的艺术境界之中，圆满完成活动目标。

大班美术活动：好玩的木块

【设计意图】

一次户外活动时，孩子们在树下玩耍，树上掉下来的树枝儿、树叶和一块块小小的树皮吸引了孩子们的注意力，引起了他们的兴趣。他们在树下拼着，摆着，玩弄着，非常开心和投入。看到这里引起了我的思索，何不就地取材，利用身边的自然资源组织一节美术拼摆活动呢？于是，我就利用业余时间寻找掉落的树叶、树枝、树皮、木片、树根等，把大山里倒掉、腐朽的树干锯成木块，设计了这节美术拼摆活动，旨在通过活动，发挥幼儿的想象力、创造力，体现自然材料在幼儿教育中的价值。

【活动目标】

（1）能运用木块、树枝、树皮等材料大胆拼摆组合。
（2）在活动中，体验想象、创作的乐趣。

【活动准备】

（1）森林狂想曲音乐。
（2）木块、树枝、树皮等材料和多媒体课件。

【活动过程】

1. 了解木块、树枝、树皮等材料

游戏导入：教师带幼儿随音乐到"森林"玩游戏，引导幼儿观察木块、树枝、树皮等材料。

活动照片一

2. 初步尝试拼摆，感受拼摆乐趣

说一说像什么？变换角度又有什么新的发现？试一试拼一拼看看能拼出什么东西来。

3. 欣赏课件，激发幼儿创作的兴趣

活动照片二

（1）欣赏课件1：创意作品，拓展创作思维。

（2）欣赏课件2：幼儿作品，引导幼儿观察画面布局和材料的运用。

4. 学习拼摆画面方法，引导幼儿按照自己的构思大胆创作

（1）自愿选择材料，先看看它像什么，然后把它摆出来。

（2）也可以想象摆什么？看看哪些材料适合，再用这些适合的材料把它摆出来。

（3）鼓励幼儿与同伴合作进行创作。

教师巡回指导，提醒幼儿注意安全，鼓励幼儿大胆创作。

5. 展示作品

（1）幼儿互相欣赏，和同伴介绍自己的作品。

（2）展示孩子活动过程和作品，活动结束。

活动照片三

【活动评析】

本教育活动选材新颖巧妙，大胆利用身边常见的木块、树皮、树根、树叶等天然环保的自然材料，充分发挥其多功能和可变性的特点设计活动，具有浓郁的乡土特色。活动合理利用场地，材料准备充分，摆放科学有序，多媒体课件生动形象，为幼儿发挥想象力和创造力提供了很好的物质基础。活动组织过程生动有趣，教师的教态亲切、自然，娴熟的教育活动组织能力得以充分展示，一物多变，满足了幼儿的好奇心和求知欲。整节活动以情景贯穿始终，便于激发幼儿参与活动进行创造性拼摆的积极性，环节间突显层层递进的层次性。创意拼摆古朴粗犷的画面，使孩子陶醉在一个美的艺术境界之中，完美实现了教育目标。

课后与老师们一起研讨交流

大班户外亲子活动：童心敬老　爱在重阳

【设计意图】

尊老敬老是中华民族的传统美德，扣好幼儿人生的第一粒扣子，培养孩子尊老、爱老、敬老、助老的品质。在"重阳节"之际，教师和家委会成员共同商议组织一次"童心敬老　爱在重阳"主题活动。那么，怎样能体现活动的实效性和教育价值呢？于是，我们把家乡民俗文化元素融入社会实践中来，浓郁的地方特色文化，既有家长孩子与老人的互动游戏又有情感的交流。不仅让老人们感受到了来自社会对他们的关爱，也让孩子家长们增强了社会服务意识，同时也教育引导了孩子们要成长为有爱心和责任心的一代新人，将"孝老敬老"的传统美德继续传承下去。

【活动时间】

2021年10月24日上午。

【活动地点】

城郊乡康乐老年公寓敬老院。

【活动形式】

（1）开展宣传活动，按照自愿的原则，在班级群报名参加。

（2）由家委会主任负责统一集合。

【活动对象】

大一班、大二班和大三班幼儿、老师及家长。

【活动目标】

（1）知道九月九日是重阳节，了解重阳节的来历和有关习俗。

（2）感受中国的传统文化，乐意表达对祖辈老人的爱和感激之情。

【活动准备】

（1）提前与敬老院负责人联系沟通，准备一些农耕工具。

（2）场地布置：气球彩条横幅等。

（3）表演道具：舞龙舞狮大头面具、幼儿采茶头饰、图片、一次性茶杯、菊花茶、游戏材料、音响等。

（4）家长老师统一穿志愿服。

（5）为敬老院的老人准备小礼物：暖宝和蛋糕。

【活动流程】

（1）召集报名参加活动的幼儿家长于10月23日17：00，在大三班教室开家长会，安排活动有关事宜，签订安全责任书。

（2）24日（周六）上午在幼儿园集合，统一编排车号顺序挂气球标志，8：30准时出发。

（3）到达敬老院，请爷爷、奶奶入座。

（4）幼儿节日表演：舞龙舞狮送吉祥；重阳儿歌；律动：重阳到；舞蹈：欢迎秋姑姑。

（5）亲子节目：庆祝、击鼓传花、采茶敬茶。

（6）幼儿给爷爷奶奶捶捶背、捶捶腿，梳梳头，和爷爷奶奶说悄悄话，听爷爷奶奶讲过去的故事。

（7）分享蛋糕、送礼物暖宝、合影留念。

（8）清点人数结束返程。

【活动文案收集要求】

活动期间照相、录像、活动结束后发布公众号。

【活动反思】

家长和孩子们带来了民俗文化互动游戏、亲子操和礼物等，与众不同的活动增添了亮丽的色彩，虽然没有华丽的服饰、绚烂的舞台，但甜美的歌声、欢快的舞蹈以及真诚的笑容赢得了老人们的阵阵掌声，给他们平淡的世界里带去了欢乐，送去了温暖。

孩子们用自己积攒下来的零花钱为老人们买来了蛋糕和暖宝，将带来的蛋糕与爷爷奶奶分享，他们依偎在老人们身旁，为老人送上一句甜甜的祝福……孩子们的行动换来了爷爷奶奶开心的笑脸和发自内心的赞许。爷爷奶奶们激动地对孩子们竖起大拇指，连声道谢，并祝愿孩子们健康快乐、茁壮成长。敬老院里欢声笑语、其乐融融，充满了生机与希望，老人们在享受到天伦之乐的同时，倍感社会大家庭的温暖。

此次活动，孩子们走出去，感受不同的社会生活，体验到敬老爱老的责任和快乐，学会用自己的行动为老人带来温暖，愿中华民族优良品德能够陪伴孩子走向更美好的明天。

附

（a）

（b）

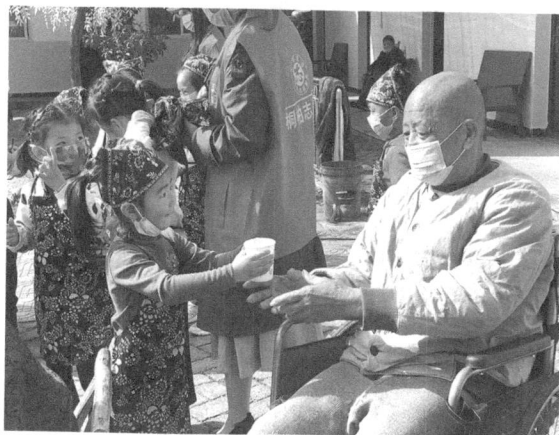

（c）

（d）

（e）

（f）

亲子实践活动照片

大班社会活动：家乡的皮影戏

【设计意图】

本活动来源于我主持的省级课题"基于桐柏文化的幼儿园课程资源开发研究"。作为研究者，必须要做到真课题、真实践、真研究，以教促研，以研促教。于是，我带领课题组成员通过到宣传文化中心调查、访谈了解家乡的文化资源之丰富，其中，最具有代表性的是我们桐柏的皮影戏被列入国家级非物质文化遗产项目，我们身边有这么优秀的传统文化资源，利用这些家乡宝贵资源开展园本课程活动，让优秀的传统文化得以传承，从幼儿兴趣出发，以寓教于乐的形式让孩子们接触皮影这一民族古老而又传统的艺术形式，感受家乡民族文化的伟大。同时又把传统的民间艺术与时俱进地融合了现代的元素，使孩子们在接触中收获快乐和启迪，为此特设计了该活动。

（a）

（b）

教师在活动前采访皮影艺人和文化馆长了解有关家乡皮影戏知识

【活动目标】

（1）初步了解皮影戏的制作材料和工艺，以及皮影戏独特的表演艺术特色。

（2）尝试参与表演皮影戏，感受传统民间文化的魅力，萌发热爱家乡的情感。

【活动准备】

（1）联系皮影艺人来园表演。

（2）中央电视台《乡土》栏目《喜欢皮影戏的人们》。

（3）2017年中华民族春晚节目《俏夕阳》的视频。

【活动过程】

（1）以手影导出活动。

小朋友们好！李老师给你们做一个有趣的游戏，你们看看会是什么游戏好吗？

教师在幕布后边表演边说手影游戏儿歌：我在幕布后，表演一双手，变小鸟飞飞飞，变小兔蹦蹦跳；变螃蟹横着走，变成孔雀点点头。

教师提问：刚才你们看到的表演喜欢吗？你们知道这是什么游戏吗？（影子游戏）为什么老师的手放在幕布后会有影子呢？（因为有灯光照射就会变成影子）

接下来我们一起欣赏一个更有趣的表演。

（2）皮影戏艺人表演皮影戏"孙悟空三打白骨精"，幼儿欣赏。

幼儿观看皮影戏

教师提问：小朋友刚才你们看到的节目表演是什么呢？

幼儿：孙悟空三打白骨精。

教师：你们喜欢这个表演吗？

（3）请出皮影戏艺人，示意幼儿欢迎表演者。孩子们向表演者提出各种想知道的关于皮影戏的问题，皮影戏艺人回答孩子们的问题，让孩子们亲眼观看表演者的表演。

教师：你们想知道谁表演的吗？我们用最热烈的掌声，把他请出来吧！这是我们家乡的民间艺人彭叔叔，大家向民间艺人彭叔叔问好。

彭叔叔说：小朋友们好！

幼儿：彭叔叔，你们这个节目很特别，叫什么表演呀？（皮影戏）是怎么表演的呢？

艺人叔叔讲述：皮影戏呀，是我们桐柏的一种民间戏剧，表演的时候，我站在白色幕布后面，在很强的灯光映照下，一边操纵手中的戏曲人物，一边用当地流传的曲调唱出故事情节。同时，还配有伴奏。

皮影戏艺人与孩子们互动

我们也来玩一玩皮影好吗?

幼儿在小椅子下面取出皮影，边玩边发现问题提出问题。

（幼儿和老师现场向艺人提出问题）

幼儿和老师现场向艺人提出问题

例如:

① 皮影是用什么做成的? （兽皮、牛皮等涂色而成）

② 你是怎样让皮影动起来的? （艺人操纵）

教师：彭叔叔，我也有几个问题问问你。

③ 一般在什么日子人们会请皮影戏表演? （结婚、生孩子、过生日、庙会活动等）

④ 皮影戏上面的花纹是用什么刻出来的? （先绘画然后雕刻再上色）

教师小结：原来皮影戏非常有趣，小朋友你们知道吗？皮影戏还上过中央电视台呢，我们快来看看吧！

（4）幼儿欣赏：桐柏皮影上中央电视台了《乡土》栏目。

欣赏：河南省南阳市桐柏县的《喜欢皮影戏的人们》

欣赏《喜欢皮影戏的人们》

教师：叔叔你这么厉害呀。我们的家乡文化真是了不起，小朋友们愿不愿意来试一试呀？

（5）幼儿到幕后尝试表演皮影戏。

幼儿尝试表演皮影戏，表演者教幼儿怎样使皮影动起来，并模仿学一两句唱曲。

幼儿幕后体验表演皮影戏

教师：跟叔叔学唱一两句，动一动。

我们到幕外来表演吧，幼儿站成一排。

幼儿与家长和听课的老师们展示表演皮影戏

哎呀，你们表演得太好了，叔叔阿姨们都在为你们鼓掌呢，好了，我们赶紧把这最珍贵的皮影轻轻地放在幕后，回到小椅子上来。

（6）艺人操纵皮影动作，幼儿尝试用身体来表演动作。

小朋友们：你们自己能用身体来表演动作吗？叔叔你来给我们做皮影动作，我们来学一学，咦，腿、胳膊、头，呀，真有意思，你们自己就像一个皮影一样。

教师小结：皮影戏是我们桐柏的特色，我们学习表演皮影戏，创编出更多有趣的故事，让更多的人们喜爱，知道我们家乡有这么了不起。

（7）欣赏2017年中华民族春晚节目《俏夕阳》，尝试模仿表演皮影戏使自己的身体关节动起来。

师幼模仿表演皮影戏

小朋友们你们看奶奶们用身体把皮影戏创编成舞蹈，在中央电视台演出呢。我们一起欣赏皮影舞吧！她们表演得那么形象，我们也来跟着音乐一起来表演皮影舞吧！孩子们我们一起学小皮影，用皮影的动作和客人、老师、叔叔阿姨再见吧。（幼儿在欢快的乐曲伴奏下，边动边走出活动室）。

【活动思考】

皮影戏丰富的故事情节和栩栩如生的形象，不仅让小朋友们在传统文化的氛围中收获了快乐，而且让小朋友们从中得到教育的启迪。通过观看表演和亲手操作体验，小朋友们对皮影戏有了更进一步的了解，同时也丰富了幼儿园的传统文化课程体系。

课程实施的过程是一个且行且思的过程，需不断地思考资源开发与利用的价值，从日常生活和生活经验中发掘有用的资源，关注资源的使用过程，最终目的是促进幼儿经验的生长；根据儿童的兴趣与经验，选择适宜的切入点，创设适宜的环境，引发幼儿的主动参与，同时给幼儿空间，鼓励其创生游戏。

大班音乐活动：桐柏山歌《月儿弯弯照楼梢》

【设计意图】

本活动来源于我主持的市级课题"基于家乡非物质文化遗产融入幼儿园课程的研究"。作为研究者，我们多次与家乡山歌传承人罗静老师交流，了解山歌的特点，学唱山歌共同研讨如何将家乡优秀的传统文化山歌融入幼儿园的教育活动中，让孩子们接触山歌这一传统文化的艺术形式，感受桐柏山歌委婉动听的艺术特色。唤发他们对自己的家乡的热爱之情，设计该活动。

老师们多次与山歌传承人罗静老师交流，了解山歌的特点，学唱山歌

【活动目标】

（1）理解歌曲内容，尝试学唱桐柏山歌。

（2）感受山歌委婉动听的艺术特色，萌发对桐柏山歌的喜爱之情。

【活动准备】

山歌视频、音频、图片、播放器。

【活动过程】

1. 欣赏山歌，感受歌曲的特点

（1）幼儿观看视频欣赏山歌。

（2）教师：你觉得这首歌跟你们以前学习的歌曲有什么不同？听了这首歌有什么感觉？

教师小结：桐柏山歌是民间音乐的独特的艺术，根据劳动场景即兴唱，歌声嘹亮、委婉动听柔和。节拍、节奏较自由，曲调爽朗。

2. 欣赏山歌《月儿弯弯照楼梢》，引导幼儿初步了解歌曲内容

（1）了解传承人静静阿姨：是咱桐柏的山歌传承人，特意编了一首适合小朋友们唱的歌，《月儿弯弯照楼梢》。

（2）听歌曲《月儿弯弯照楼梢》（视频）

提问：你听到了啥？幼儿自主回答。（出示图片）

（3）教师清唱歌曲（出示补充图片）

3. 进一步激发情感，引导幼儿尝试学唱桐柏山歌

（1）带孩子看图谱说歌词。（引导幼儿最后一句"白砂糖放上多少？"要渐慢）

（2）跟琴声唱歌。（哎哟哎哟衬词生动形象）

（3）学唱歌曲跟旋律唱。

（4）不要图谱唱一遍。（你最喜欢哪一句？为什么喜欢？）

（5）对唱：师幼对唱、幼幼对唱。（尝试用动作和对唱的方法表现歌曲）

教师小结：今天我们尝试了唱山歌，请把这优美的歌声带到家里，带到班级和更多的小伙伴一起唱。

附 **教学活动照片**

听桐柏山歌传承人静静阿姨唱山歌

教师带孩子们看图谱说歌词

跟旋律学唱歌曲

尝试对唱表演山歌

孩子们用委婉动听的声音给在场的老师们唱唱咱桐柏的山歌

孩子们与在场的老师一起互动学唱桐柏山歌，体验山歌带来的快乐

【活动亮点】

本教育活动选材新颖，教师把桐柏非遗传统文化"山歌"与时俱进地融合到幼儿园的课程，符合《纲要》对幼儿发展要求的新理念，合理运用教学手段，视频、图谱、节奏等设计巧妙，有效地把活动的难点直观化、形象化，对突破活动重难点起到了关键作用。遵循"以幼儿为主体，教师为主导"的教育思想，用灵活的教育机制驾驭课堂，营造了一个充满生机的课堂氛围，在活动中，最鲜明的特点就是以趣施教，通过趣味性浓郁的游戏对唱、肢体表演衬词等环节构建高效课堂，既充满童趣，又具有挑战性。循序渐进地引导幼儿主动学习，感受体验山歌的优美旋律和独特的韵味，萌发对家乡山歌的喜爱之情。

大班美术活动：瓦片上的种子画

【活动目标】

（1）能用超轻黏土在瓦片上表现出简单的物体形象，并用种子进行按、压、摆等方法装饰画面。

（2）感知瓦片上装饰画的特殊风格，体验创作的快乐。

【活动准备】

（1）幼儿已有玩超轻黏土的经验。

（2）各类种子、超轻黏土、瓦片。

（3）课件和背景音乐。

【活动过程】

1. 参观"瓦片上的种子画展"，了解瓦片上种子画的特殊风格

今天老师带你们参观一个特殊的画展。

你们看这些漂亮的画，画面上有什么？它与我们平时看到的画有什么不同？仔细看看说说……

小结：这些作品都是用黏土和种子在瓦片上创作出来的，利用我们最爱玩的超轻黏土在天然古朴瓦片上做物体的基本形象，用种子在上面装饰出美丽的画面，不仅色彩很漂亮，立体生动，还是很好的装饰品。

2. 欣赏课件不同的作品"瓦片上的种子画"，激起幼儿创作的热情

（1）欣赏课件作品拓宽思路。

刚才我们欣赏了那么多作品，还有更精彩的作品我们继续欣赏吧！

（2）孩子表达自己的畅想。

说一说你想做一幅什么画？幼儿相互说一说……

3. 幼儿自由创作，教师巡回指导

作画一定要注意哪几点呢？（师幼）

（1）构思：你想画什么画？

（2）选择颜色：选择与你想画物体相同颜色的超级黏土，然后选择种子粘贴作画。

（3）创作：把你想要画的作品粘贴在瓦片上，画面图案尽量要大一点。

（4）把豆子粘牢，全部粘贴后，用手掌轻轻地压一下。

小结：好了孩子们，接下来老师把时间交给你们，充分发挥你们的想象力，大胆去尝试参与画展评选活动。

4. 分享作品

（1）将幼儿的作品放在展区，相互欣赏。

（2）幼儿介绍自己的作品，说一说自己设计的瓦片上的种子画是用什么材料装饰的，引导幼儿通过交流向同伴学习。

（3）教师对所有的孩子给予赞许的语言和目光。"你们的作品非常有创意，不仅色彩美，而且，还有独特的想法，每个小朋友的作品不同，都很了不起，带上你们独特的作品分享给更多的小朋友和家长吧。"

附

（a）

（b）

（c）

（d）

（e）

（f）

教学活动剪影

大班综合教育活动：有趣的土陶

【活动思路】

美丽迷人的金秋来到了，我和孩子们一起到郊外赏秋，发现在山坡之间有一座小型土陶厂，孩子们为有此发现而惊奇、兴奋。何不利用这一有利的自然资源和环境条件，请土陶师傅为孩子们补上这一具有传统工艺的一课呢？经过一番详细的考察、思考、设计，"有趣的土陶"活动产生了。

活动照片一

【活动目标】

（1）通过参观，了解土陶的制作材料、方法和用途。

（2）对陶艺制作感兴趣，愿意大胆尝试，亲手制作自己喜欢的陶制品。

【活动准备】

（1）活动前了解一些土陶制品。对孩子们进行参观的礼貌和文明行为的教育。

（2）和附近的一家土陶厂联系，争取他们的支持和配合，请一位土陶师傅准备给孩子们演示介绍陶器的制作方法。

【活动过程】

（1）以观赏家乡的美景为引子，导入对土的认识。幼儿自由交谈说出土的用处，教师小结，引出土陶器。

（2）教师带幼儿参观欣赏土陶厂里的陶器，请一陶艺师介绍各种陶器的名称和用途，并带幼儿到陶器加工车间参观。

（3）幼儿倾听观看陶艺师边讲解边制作陶器，初步了解制作流程。

介绍所需材料、工具及制作过程，幼儿可对此向陶艺师提出各种感兴趣的问题，并相互议论。

（4）幼儿交流："孩子们，你们对制作陶器的哪一个环节更感兴趣？"孩子们边交流边回忆土陶器的制作过程。

（5）幼儿用陶泥学习捏制陶器，互相欣赏、评价。体验尝试制作带来的快乐。

活动照片二

（6）陶艺师欣赏，并鼓励赞扬孩子们的作品。

（7）陶艺师介绍烧制陶器的"窑"，使幼儿知道做好的东西必须放在窑里烧才能变成又结实又漂亮的陶器。

【教师小结】

今天我们看了陶艺师怎样制作陶器的，我们自己也做了许多陶器，过几天我们再来看看烧好的陶器，并请陶艺师教我们在陶器上画各种图案。

【活动评析】

本活动的设计充分把握了孩子的学习特点：从兴趣出发，在玩中学、学中玩。孩子们走出幼儿园，身临其境地感受体验，教师有效地利用了教育资源，陶艺师给孩子们讲解土陶器的用途和制作方法，这给孩子们带来了极大的新鲜感。孩子们在看、说、做的过程中实现了教育的双重目标，即知识技能和情感的教育。同时萌发了幼儿对本土特色文化的热爱，有力推动本土特色文化传承。

大班社会活动：家乡的特产——豆筋

【设计意图】

豆筋是桐柏山一种传统的豆制品，采用当地优质黄豆和山泉水结合民间传统手艺精制而成，是盛产于桐柏山区的纯天然、无公害绿色食品之一，不仅大人小孩爱吃，更是老年人的营养补品。为使幼儿更好地了解家乡的传统手艺，设计了本次活动：家乡的特产——豆筋。

【活动目标】

（1）通过参观豆筋的制作过程，孩子对豆筋有更进一步的认识和了解。

（2）体验互动的快乐，萌发幼儿爱劳动、爱家乡的情感。

【活动准备】

（1）活动前一天，家长带孩子到联系好的豆筋店洗泡黄豆。

（2）凉拌豆筋，炒豆筋，豆浆泡豆筋。

【活动过程】

1. 教师带幼儿到特产店参观

师：小朋友，你们知道这是什么地方吗？

这是桐柏特产店，这里有咱家乡有名的特产，你们瞧，这是什么？

幼：豆筋。

师：你们知道豆筋是怎么做成的吗？

幼：不知道。

师：老师带你们去个地方，你们就会明白了。

2. 教师带幼儿来到豆筋店

孩子们向豆筋师傅问好，并提出问题：

（1）"叔叔这么好吃的豆筋是从哪里来的？"

（2）"豆子怎么能变成豆筋呢？"

3. 豆筋店的师傅为孩子们讲解操作豆筋制作过程

（1）把泡好的豆子放在打浆机里打成浆，豆子与水的比例要适中。

（2）把浆放入锅里，用劈柴把浆烧开，小火熬。经过一定时间的保温，使其表面产生软皮，挑出下垂搭在竹竿上，鲜嫩的豆筋随即可吃，也可烘干存放。

4. 幼儿品尝豆筋

有凉拌的，有炒豆筋，有豆浆泡豆筋。豆筋师傅和老师孩子们一起共同分享。

（1）教师："孩子们你喜欢吃哪一种豆筋？为什么？"

（2）豆筋师傅和老师孩子们一起讨论豆筋的营养。

豆筋的营养超过鸡蛋和牛奶，蛋白质丰富，不含胆固醇，营养价值和黄金一样珍贵，促进消化，防止百病，还可以保健，美白皮肤，教育幼儿爱吃豆筋。

（3）教师小结：豆筋师傅很辛苦，把这些抽出来的豆筋，通过晾干或晒干包装运到全国各地，让更多的人吃上咱家乡的豆筋，等你们将来长大了，把咱家乡的手艺传给更多的人。使家乡豆筋永远流传。

【延伸活动】

幼儿帮豆筋师傅晒豆筋、摆豆筋、装豆筋，体验劳动的快乐。

【活动评析】

《幼儿园教育指导纲要（试行）》指出：要充分利用自然环境和社区的教

育资源扩展幼儿生活和学习空间。此活动的开展，教师结合幼儿生活，充分挖掘社区的教育资源，围绕家乡的特产——豆筋这一主题，使幼儿在观察、交流中丰富了经验，在尝试分享中体验快乐，在互动中体验到成功，充分体现了教育《纲要》的新理念，各领域相互渗透，培养了主动乐观合作的态度，从而萌发幼儿爱劳动、爱家乡的情感。

中班音乐游戏：猫捉老鼠

【设计思路】

在看动画片时，我发现孩子们被《一只老鼠》这首幽默诙谐的说唱歌谣深深地吸引着，于是，我的灵感一动，何不利用这趣味的动画画面与实际生活结合在一起创编一节音乐游戏，让孩子们开心快乐地玩呢?

游戏剪影

【游戏目标】

（1）根据音乐用肢体表现猫、鼠动作。

（2）遵守游戏规则，体验游戏的快乐。

【游戏玩法】

幼儿分为两组，分别扮演猫和老鼠，音乐第1—3段，鼠妈妈带孩子出来练本领、回洞；第4—6段，猫妈妈带着孩子出来练本领、回洞；第5段，老鼠出来偷吃东西；第6段猫出来捉老鼠。

【游戏规则】

必须听到唱"跑"字时，猫才能去抓老鼠，老鼠才能回洞，游戏反复进行。

【游戏准备】

（1）猫和老鼠头饰若干。

（2）硬纸箱做的猫、老鼠的家和挡板。

（3）废布头缝制的小老鼠若干，旧手套自制猫爪一只。

（4）油壶、纸篓做的粮仓。

【游戏过程】

（1）幼儿看动画《一只老鼠》，讨论其中的情节所表达的意思，引导幼儿模仿老鼠和猫的动作。

（2）幼儿尝试用形象的肢体动作表现猫、鼠动作，鼓励幼儿大胆表现。

（3）幼儿听歌曲，熟悉旋律，了解游戏玩法和游戏规则。

（4）教师分别扮演老鼠妈妈和猫妈妈，在音乐伴奏下引导幼儿进行游戏。

（5）幼儿自选角色进行游戏，教师扮演猫或老鼠参与游戏，提醒幼儿遵守游戏规则。

（6）幼儿自选角色进行游戏，提醒幼儿遵守游戏规则。

（7）教师小结。

【活动评析】

《猫捉老鼠》是一首欢快、有趣、朗朗上口的歌曲，教师根据动画内容巧妙地将"猫鼠练本领""猫捉老鼠"等幼儿熟悉的生活情节迁移到了游戏之中，幼儿在教师创设的情境中享受着游戏和生活带来的快乐。这一活动充分体现了音乐游戏生活化、趣味化的特色。

在活动中可以看到，幼儿作为游戏过程中的主体，在动画情节的影响下探索、创编诙谐、形象的"猫鼠练本领"动作，如：老鼠在猫爪下练习左右跳跃、奔跑、躲闪、偷油、偷米动作等；猫在挂起的老鼠道具下纵跳练扑、轻手轻脚外出；等等。教师则利用扮演不同的角色巧妙地转换身份，成为游戏活动的引导者、支持者，为生生互动提供游戏平台和"支架"，这种朴素的"渐隐"是教师作为教育者将新理念转化为教育行为的具体体现。

中班综合活动：家乡的山野果

【设计意图】

我们的家乡位于淮河的源头，家乡四面环山，每到秋季，漫山遍野的野杨桃、山楂、野葡萄、八月炸、山核桃等，红叶满山，野果飘香，这时不由得使我想起童年打野果的情趣。何不利用家乡这特有资源，让孩子了解山野果呢？于是，我设计了此活动。

【活动目标】

（1）了解几种家乡的山野果，知道其名称和主要特征。

（2）幼儿用各种感官感知山野果的特征。

（3）体验劳动与分享的快乐，增进爱家乡的情感。

【活动准备】

（1）家长利用双休日带孩子上山采摘山野果。

（2）幼儿每人带一种或几种山野果来幼儿园，布置"家乡的山野果展"。

【活动过程】

1. 参观"家乡的山野果展"

幼儿随摘果子音乐来到教室。

师：这么多果子，你们知道它是在哪里摘来的？

幼：在山上摘的。

师：这些山上摘来的果子属野果。

幼儿分别向老师和同伴介绍自己的山野果名字、在什么地方采到的。

"这是我带来的山野果，它叫八月炸，是在很高的树上摘的。"

"这是我带来的山野果，它叫野杨桃，也是在树上摘的。"

"这是我带的山野果，它叫山楂，是在山林里小树枝上摘的。"

"这是我带的山野果，它叫野葡萄，是在葡萄藤上摘的。"

……

2. 了解山野果的主要特征

（1）观察八月炸（幼儿看看、摸摸、闻闻、说说）。

师小结："八月炸"也叫"白香蕉"，它的颜色是青绿的，长熟时是紫红色的，味道鲜美营养丰富，是椭圆形的，里边有带籽内瓤，长熟了就会咧开嘴。

（2）观察野杨桃（幼儿看看、摸摸、闻闻、说说）。

师小结：野杨桃它个儿小，形状也不一样，有的圆圆的，有的长长的。摸着软软的，上面还有细毛，里面是黑黑的籽，野生的杨桃口感好，营养价值也高。

（3）观察山楂（幼儿看看、摸摸、闻闻、说说）。

师小结：山楂果是棕色和棕红色，并有细密皱纹，顶端凹陷，果肉薄，味道酸酸的、涩涩的。

（4）观察山葡萄（幼儿看看、摸摸、闻闻、说说）。

师小结：野葡萄，是圆球形的，黑紫色的。果熟季节，串串圆圆晶莹的紫葡萄在红艳艳的秋叶之中，极为迷人。野葡萄含多种维生素，味道酸甜可口，是美味的山间野果。

师："谁知道吃山野果有什么好处吗？"

山野果是在山上自然生长的，在它的生长过程中没有施过任何的农药和化肥，没有受到任何污染。人们称它们是绿色果实，山野果不仅仅是健康果实，而且，它还有许多用途呢。野杨桃可做饮料、果脯。山葡萄可做葡萄酒。山楂可做山楂糕、还可做药材等。

3. 师幼共同品尝山野果

幼儿自选自己喜欢吃的野果相互品尝，体验分享的快乐。幼儿边品尝边听老师讲小时候上山打野果吃野果的趣事。

师小结：我们生长在家乡桐柏能吃上这么多山野果，你们一定很开心和自豪吧。等你们长大了把家乡的山野果加工成更多的食品运往全国各地。

【延伸活动】

利用图片在活动区布置家乡的山野果展台，让孩子们尽情地说说、唱唱、画画……

【活动评析】

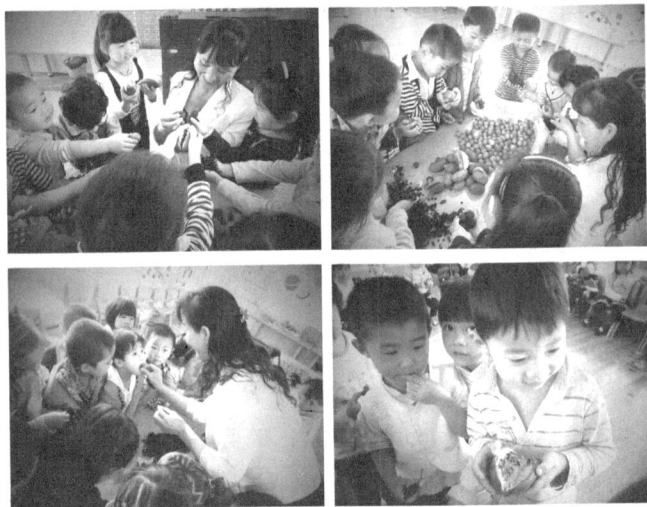

教学活动剪影

本活动有效地利用了家乡的自然资源和社会资源，活动前家长带孩子打野果，把童年的乐趣带给孩子，让孩子亲身体验，这是一个融知识性与娱乐性一体的活动，充分体现了《纲要》的教育理念，亲子互动—师幼互动是本活动的亮点，幼儿在轻松愉快的环境中玩中学、学中玩，巧妙地运用了隐性学习和显性学习的结合。整个活动孩子们在看看、说说、摸摸、品尝中体验劳动与分享的快乐，增进爱家乡的情感。

第四篇

创 编 精 选

创编儿歌

富饶的家乡——桐柏

我的家乡淮河源，物产丰富赛江南。

金银铜铁芒硝矿，亚洲第一天然碱。

杜鹃花开英雄城，猴爷洞前挂水帘。

天上人间一福地，盘古开天留美谈。

我爱桐柏

桐柏，桐柏，水帘洞，蹦出一个孙悟空。

桐柏，桐柏，水弯弯，弯出一条淮河源。

桐柏，桐柏，纪念馆，革命精神美名传。

我爱桐柏家乡美

亲爱的朋友们呀，请到桐柏来，风景美如画呀，这里人人爱，

水帘洞、太白顶、淮祠、红叶、盘古殿，还有红色纪念馆，

这里风景美呀，这里特产多，这里人热情呀，这里路宽广，
欢迎你们都到桐柏来。

桐柏美景记心间

桐柏河水清又清，美丽的天空蓝莹莹。

小朋友们高声唱，叔叔阿姨听一听。

水帘洞里孙悟空，齐天大圣真是行。

太白顶峰高又高，里面风景真不少。

桐柏英雄纪念馆，革命精神永流传。

盘古大殿桃花洞，黄岗枫叶红又红。

桐柏板栗甜又香，有空你来尝一尝。

桐柏县城转一转，美丽风景记心间。

新年快乐

咚咚锵，咚咚锵，

敲起锣鼓震天响，

鞭炮声声辞旧岁，

共度新春贺岁忙，

唱山歌，捏面人，

皮影戏里喜洋洋！

创编顺口溜

馓子谣

白面团，变变变
细丝馓子麻叶片
热油锅里打个滚
色彩金黄味道鲜

家乡美食永不忘

雪花酥，果子棍儿
酥脆香甜又美味儿
麦芽熬成打糖块儿
芝麻花生做成馅儿
切成麻糖一片片儿
吃上一口甜脆爽
家乡美食永不忘

致力园本课程开发　绽放成长之花

桐柏有朵美丽的花，科研路上吐芳华。花开绽放幼教园，人生之美在奉献。世上有朵痴情的花，不畏逆境放光华。花载执着登峰巅，家国情怀任在肩。美丽的花芬芳的花，馨香满山崖。用40年前的经典电影《小花》的主题曲《绒花》歌词改编的唱词来形容来自河南南阳的幼教名师李道玲是最恰当不过了。

一个扎根幼教事业孜孜以求不断成长的老师，一个痴情于教育科研、专注于家乡桐柏文化资源开发建设，致力于幼教事业，有着大情怀的名师，一个在课题研究成长并壮大起来的中原名师，她和她的团队的课题研究之路在我们面前清晰起来。穿越时光隧道，感悟家国情怀，我们一起来探寻她的成长密码。

一、潜心教学，以研促教甘奉献

在常人眼里，幼儿教师是一个身兼孩子王、保姆双重角色的职业，工作平凡而又琐碎、单调而又无趣，既没有轰轰烈烈的英雄壮举，也没有惊天动地的感人事迹。然而，李道玲老师在教书育人的平凡岗位上，努力奉献着火热情怀与赤诚爱心，用爱心与青春铸就平凡的事业，谱写了一曲曲幼教事业的大爱之歌。

1. 爱生如子立教学

教师是立教之本，兴教之源。聆听李道玲老师的教育故事，我们看到了一位人民教师在幼儿教育舞台上的执着，一位教育工作者在教育事业上的坚守。

她的这份教育情怀令人感佩!

三十五年的幼教生涯里,她担任班主任和教研组长,把"爱心、耐心、责任心"时刻铭刻心上,她是孩子们的"李妈妈",在她眼里,每一个孩子都是天使,都要让他们在关爱中健康成长。2006年冬天的一个上午,一个幼儿突然双目紧闭,四肢抽搐,嘴里不停冒沫,她立即采取应急措施,随即租辆三轮车飞速赶往县医院,自己垫付医药费,医生说,再晚一步就危险了,幸亏及时。楠楠是个出了名的"捣蛋鬼",且说话结巴,家长对他失去了信心,李老师就把他带在身边,吃住都在自己家,做他的朋友,走进孩子的童心世界,后来楠楠当上班里的故事大王,巨大的改变连家长也难以置信。李老师就是这样,她把班级幼儿当成自己的孩子,记不清多少孩子在她家吃过饭,睡过觉,她的家成了孩子们的第二个家。

她以园为家,却忘记了自己的孩子,当女儿嗷嗷待哺时,她忙得忘记喂奶;当女儿任性撒娇时,她没有空闲理睬。2002年,她的女儿做了两次手术,丈夫也在生病时,为了班里的孩子,她顾不上自己的孩子和丈夫,没有请一天假陪伴。2006年11月,她的母亲做癌症手术时,正值编排幼儿模仿操,当她想把模仿操荣获一等奖的消息告诉母亲时,母亲却永远地离去。2019年4月她的父亲意外摔伤,需要手术换髋骨,她没有请假,只是利用晚上和周日去照顾,在此期间圆满完成省项目办布置的任务,在百名中原名师中做了名师论坛报告。当她拿着荣誉证书给父亲看时,父亲用微弱的声音自豪地说:"你真是你妈妈合格的接班人。"如今,女儿在她的影响下也成了一位光荣的人民教师。

2. 坚守创新成一格

三十多个寒暑,三十多个春秋,写就了李道玲老师多少个坚守的故事。幼儿园建园之初,条件非常简陋,没有生源自己找,没有教材自己编,没有教具自己做,她备尝了创业的困难和艰辛,三十多年没有迟到早退一分钟,三十多年没有因家庭私事影响过工作。有病,她利用课余时间治;有伤,她带着伤痛坚持工作,这样的事例不胜枚举。近两年,她常受颈椎病、脑血管痉挛等疾病的折磨,但从不喊一声苦,叫一声累。亲人们都劝她,年龄不小了,身体又不好,该停一停、歇一歇了。但她没有松懈热情,没有放弃努力,像一匹昂首嘶鸣的骏马在教学的田野上纵横驰骋。

李道玲老师把幼儿教育当作一门艺术来追求，不断尝试、改良、实践、完善，最终形成了充满个人魅力的激情、独特、幽默的教学风格。她善于教学创新，突出教学选材的创新、教学方法的创新、教学策略的创新等，积极利用乡土材料创设具有本土特色的环境，开展丰富多彩的区域活动。她把幼儿带出枯燥的课堂，到大自然中去感受生活美、家乡美，到老年公寓、敬老院去播撒爱的种子。她把民间游戏、用具搬进课堂，让孩子们从小就了解家乡博大厚重的文化。

她将个人业务追求和教学探索辐射到整个幼儿园，2015年，通过层层考核，经省教育厅批准，成立了以她名字命名的"中原名师李道玲学前教育工作室"，她带领青年教师积极进行教学研究，使工作室成为教学研究的平台、辐射带动的核心和教育教学成果的孵化地。

3. 且教且研结硕果

著名科学家钱伟长曾指出，"教学没有科研做底蕴，就是一种没有观点的教育"。课堂教学是教育科研的隐形动力，教育科研是课堂教学的源头活水，如果没有科研做支撑，课堂教学就会失去"灵魂"。翻看李道玲老师的荣誉证书，梳理她的研究之路，我们发现，在长期的教育教学过程中，李老师善于反思梳理，且教且研，让教学有魂生根，让教研开花结果。

一分耕耘，一分收获。李老师的课堂教学活动"有趣的土陶"和"猫捉老鼠"获省级优质课一等奖，"奇思妙想"获省级优质课二等奖，"好玩的木块"和"争做文明好宝宝"获市级优质课一等奖，"最美虎头鞋""粽叶的美妆"均获市级优质课二等奖；编写的活动方案有十余篇获市一等奖；撰写的经验论文有十余篇获省一等奖，十余篇在CN刊物和杂志上发表；制作的课件"油灯"获省级一等奖，"我爱家乡桐柏美"获省级二等奖；自制的乡土玩教具"快乐的娃娃家"获省级一等奖。主持研究了10余项课题，其中"民间游戏在幼儿园中运用的研究""基于桐柏文化的幼儿园课程资源开发研究"均获省级二等奖；"家乡自然资源融入幼儿园课程的实践研究""红色文化渗透幼儿园社会领域的实践研究""家乡民俗文化在幼儿园大班主题活动中的实践研究""基于家乡非物质文化遗产融入幼儿园课程的研究"均获市级一等奖。2015年以来，她和她的团队致力于地方本土文化课程开发的课题研究，她正在编织一个更大、更高、更远的幼教振兴梦。

二、峰回路转，向课题深处沉潜

虽然已经做过十余项课题，但是，中原名师课题可让李道玲老师体验了课题之路的艰辛历练和一次次答辩成功之后的喜悦。

1. 选题遭遇滑铁卢

李道玲老师在申报中原名师课题时，确立的选题上报后，起初没有被导师通过，重新选题，经过再讨论，课题题目确定为"红色文化渗透幼儿德育教育的实践研究"。2017年，由于经验不足，在立项中不能很好把握时间，陈述重点不突出，答辩没有通过。之后，经过与中原名师剧爱玲、刘娟娟等老师的交流和刘宇导师耐心细致的指导，她撰写了红色文化构成要素明确、实施方案具体的开题报告。在新的开题会议上，根据专家提出的建议，又请教了浙江师范大学教授郑文哲导师，在导师的建议下，题目重新确定为"桐柏文化作为幼儿园社会领域课程资源的开发利用研究"；后期又根据现场答辩专家周跃良的建议以及课题实施的可持续性与可实施性，又将课题改为"基于桐柏文化的幼儿园课程资源开发研究"，这样就避免了题目过大，不利表述、不利后期研究的针对性等问题，为开题研究的顺利开展奠定了基础。针对这个反复修改最终答辩顺利通过的过程，李老师常常幽默地说："课题虐我千百遍，我待课题如初恋。"

2. 愈挫愈奋课题路

2017年3月，在温州，作为2017年度重点培育对象，李老师的课题"桐柏文化作为幼儿园社会领域课程资源的开发利用研究"要参加立项考核。开题答辩又遭遇挫折。几经修改，在后来答辩中，李老师反复学习了2016年3月河南省基础教育教学研究室博士申宣成的《怎样开展课题研究》视频讲座；学习2016年10月河南省基础教育教学研究室杨伟东主任的精彩讲座《课题研究：开门七件事》，进一步了解课题研究的一般过程和注意事项，请教了浙江师范大学杭州幼儿师范学院副教授刘宇（导师）、安徽师范大学研究生导师吴玲教授。

不仅如此，在通往余姚的研修之路上，与南阳唐河的剧爱玲老师同行，在火车上、餐厅里、宾馆里一遍遍地练习、思考、修改、研磨，才有了答辩现场的轻松自如和专家评委的一致赞同。在2017年11月到浙江余姚开题答辩和2018年3月舟山中期答辩中，均以优秀的成绩顺利通过。专家们从这几方面给予了高度的评价：一是课题研究目标清晰，核心概念界定层次清楚；二是研究思路清晰，有很好的研究素养和研究基础；三是课题研究方法选择恰当，能确立两至三种重点研究方法，便于操作，可行性强。就这样，"基于桐柏文化的幼儿园课程资源开发研究"迎来了正式实施的阶段，从此，李老师在课题研究之路上开启了柳暗花明的桐柏文化课程开发之旅。

巴尔扎克曾说过："困难，对于强者是一笔财富，对于弱者才是万丈深渊。"正是在这一次次的历练中，去查找、去阅读、去研磨，促使了李道玲老师科研能力进一步地提升。

3. 苦乐交织做中期

课题正式开题实施以后，李老师和她的团队调研了家长、教师、当地的文化工作部门和文化名人，明确了桐柏文化的内涵及纳入幼儿园课程开发的思路等。利用团队的力量共同研讨、不断讨论，不断做出一些创新的尝试，写出一些好的文章，主持人撰写的论文《幼儿园环境创设渗透红色文化教育》获省一等奖，成员撰写的论文《让幼儿在游戏活动中了解本土文化》获省三等奖。成员还撰写了与课题相关的论文《开发利用农村当地资源促进幼儿全面发展》《源于生活　归于童心》《幼儿茶艺》《桐柏文化融入幼儿园生活领域方法初探》《浅谈幼儿园大班幼儿根雕组织与开发》等。

课题实施中，根据专家教授们的建议，李道玲老师和她的团队且行且思，围绕《3—6岁儿童学习与发展指南》《幼儿园教育指导纲要（试行）》等利用家长资源，走出去、请进来，形式多样，寻找、开发文化资源。主要从以下几个方面做起：

首先是桐柏文化如何与幼儿园课程开发相结合，一方面要对桐柏文化有全面的了解，另一方面又要对幼儿园教育目标有深刻的把握，同时找到了这二者间的结合点，清楚了不是所有的桐柏文化都必须或可以纳入幼儿园课程开发，应该根据幼儿园教育目标和幼儿学习的规律与特点，研究出把桐柏文化的哪些方面并通过什么形式可以开发成幼儿园课程。其次是把家长、老师、当地文化工作者与传统文化传人结合起来，丰富和拓展桐柏文化开发幼儿园课程的主体，形成多元主体的合力。再次是把课程开发的理论研究（主要是研究论文）与实际开发实践（主要是课程案例展示）相结合，要善于把研究成果渗透到实际课程开发中，使每门课程富有设计思想，富有文化内涵与特色。同时要通过对典型开发课程的总结、评价、提炼，找到利用地方传统文化开发幼儿课程的规律或可推广模式。最后是把幼儿园的基于桐柏文化的课程开发与其他幼儿园的交流结合起来，形成幼儿园各有侧重开发基于当地文化的幼儿园课程，然后通过定期、不定期的交流来形成合力，进而形成富有桐柏文化特色的幼儿园课程体系。通过对课题的研究，课题组成员将自己过往对教育问题的思考进行了系统的总结，对材料进行了归类整理，将近年来自己组织教学和融入各项活动的内容、图片打印出来，归类整理，撰写报告，形成系列课题成果。看着自己的课题成果，回忆着自己研究的艰辛，李道玲老师说："一时忘记了研究过程的艰辛，更多地感受到了教育教学活动的美好。"

任何工作只有从内心中感受到它的真正价值的时候才能产生真正的热爱，因为做课题，李老师总结了自己的成长密码有三个：阅读，点燃教育激情；反思，清理、杀毒、更新、升级自己；实践，提升自己的教育能力。如今，课题对李老师而言是一件有意义、有价值的事情；做课题，让李老师的生活、工作、学习都有了巨大的变化。李道玲老师认为，"课题研究之路是教师职业的智慧，更是一位教师不断前行的原动力，是持续改造自己教学过程、提升自我专业素养的关键，是不断创新的必经之路"。"有了课题研究之路，我们的教学之路一定会越走越好！"

4."一带一路"成果丰

走在课题研究的路上，有苦也有乐，一次次地研讨攻克一个个难关，明白很多疑难问题，每次都是认真记录专家的意见和建议，课题组根据专家意见反复修改，不断完善。每次研讨有记录有照片，一步一个脚印脚踏实地走下去，教师的科研能力提高了。在课题的引领下，她们幼儿园申报课题研究的氛围浓厚，2018年至2022年申报市级课题22个、省级课题4个。同时，她在全县开展课程资源开发展示活动，发放了问卷和评价，在中原名师省名师骨干教师培训中，李道玲老师的讲座题目就是《本土文化在幼儿园课程资源开发的实践与运用》。她的讲座受到了与会领导和教师的广泛好评。

桐柏县幼儿园胡明晓园长自豪地说："一个李道玲名师工作室带动一群教师认识自我、剖析自我、提升自我；一个李道玲影响一群教师抓课题、搞教研、提技能、共发展；一个桐柏文化课题探索一条幼儿园发展新路子！这是我们幼儿园的'一带一路'发展战略。李道玲老师用自己的钻研和奉献精神感染了团队中的每一位教师，也给我们倾情做课题研究的老师们以有益的启示。"

三、教育科研，教师幸福的途径

苏霍姆林斯基说："如果你想让教师的劳动能够给教师带来乐趣，使天天上课不至于变成一种单调乏味的义务，那你就应当引导每一位教师走上从事研究这条幸福的道路上来。"身为教师，特别是一线教师，必须成为学习者、研究者，才能与时俱进，才能在研究中成长，才能达到更高的目标，才会有质的飞跃。李道玲老师和她的团队一路走来，过程是艰辛的，收获却是丰硕的，路途上虽然荆棘丛生，沼泽遍地，但历经山重水复之后，收获的是教育的幸福。因为挚爱，所以备受关爱，她主动邀请专家智者为课题研究助力；因为专注，所以研究专业，她的课题在全县幼儿园得到推广，掀起"桐柏文化，从娃娃抓"的热潮。有梦，所以不停逐梦就有诗和远方。

1. 宽容和鼓励产生勇气

教育科研是科学，是科学就会有失败。面对"失败"，管理者应该有足够的宽容心，不但要允许失败，甚至还要"鼓励"失败。鼓励失败就是鼓励教师创造与自主，让教师克服畏苦怕难的情绪，知道搞科研就是在失败中寻找成功的途径，从而树立信心，有勇气去迎接挑战。

使教师顺利成为研究者是找不到立竿见影的办法的。一路走来，导师们的循循善诱和耐心教导为研究的顺利开展创造了条件。

2. 教育问题和时代结合产生课题

基于桐柏文化的幼儿园课程资源开发提升了教师课程开发的能力，有助于教师的专业化发展，为幼儿园开发课程资源提供了可参考途径。根据五大模块的课程内容设计主题活动并进行子课题研究，使桐柏文化与课程更大程度融合，通过课题研究在"计划—行动—反思—再计划—再行动—再反思"的循环往复中，一步步设计出了基于桐柏文化的幼儿园主题课程。也让我们明白了：课题研究要在教育问题和时代需要中找出结合点，同时对课题的研究要亲力亲为、实实在在、认认真真，经过研究的艰难和成功的喜悦，你会爱上课题研究！

3. 互动式课题组活动助推研究的成功

对于教师的专业成长，学习和反思既是一种方法、手段，又是一扇思想、智慧之门。由此入门并出发，将走向宽广，走向顶峰。重视交流，互动合作。幼儿园营造教师合作研究的氛围很重要，桐柏县幼儿园以胡园长为核心的领导班子通过建立合理的规章制度和良好的人际氛围来促进每位成员的发展，更为工作室营造了互帮互学的研究探讨气氛，引导教师成为研究和实践的主体。这是一种以教师发展为本的"园本行动"，教师既有成就感和价值感的内在激励，也有园长、同事、家长的赞扬和肯定的外在激励。这种内外结合的激励机制会使教师增强职业情感，使教育研究成为自我需求，最终走上主动发展、自我提高的良性循环。因此，正如文豪萧伯纳所言："你有一个苹果，我有一个苹果，我们交换一下，一人还是一个苹果；你有一个思想，我有一个思想，我们交换一下，一人就有两个思想。"通过这样互动式的课题组活动，示范带动，辐射引领，实现多赢。

李道玲老师无私奉献的精神和勤于钻研的工作态度源于她饱满而强大的家国情怀，这情怀影响着一批又一批年富力强的教师，感染着一代又一代积极进取的年轻教师，跌倒了重新爬起，失败了也不气馁，向专家请教，向智者学习，并把导师、专家的指导内化为课题研究的精华，俯下身钻研才能有厚度，向深处扎根才能有深度，挚爱才使课题研究有温度，团队相互滋养才使课题研究有广度。

　　李老师的课题记录里有这样一段话："和同伴们一起，成就最好的团队，成就最好的自己。毕竟一个人的努力是加法，一个团队的努力是乘法，让我们和团队一起，相互鼓励，相互加油，经过沿途的攀登，欣赏顶峰的风景！"李道玲老师的课题"基于桐柏文化的幼儿园课程资源开发研究"，意义在于传承桐柏文化，提升教师教科研能力与业务素质，丰富幼儿园课程资源，课题研究至此，意义和价值足矣。

　　一路执着一路歌，科研之花结硕果。如今，李道玲老师仍然以年轻的心态活跃在教学一线，像一只春蚕仍在默默吐丝，像一支蜡烛仍在发光发热，像一位爱的天使在孩子心中播撒家乡传统文化的种子，让地方传统文化在家乡这片热土上绽放光华。李道玲老师和她的团队必将带着对家乡的无限热爱、对未来的美好憧憬，走向诗意和远方！

剧爱玲

（本文于 2022 年 1 月在大象出版社《名师成长的密码》

一书中发表，入编本书后，略作修改）